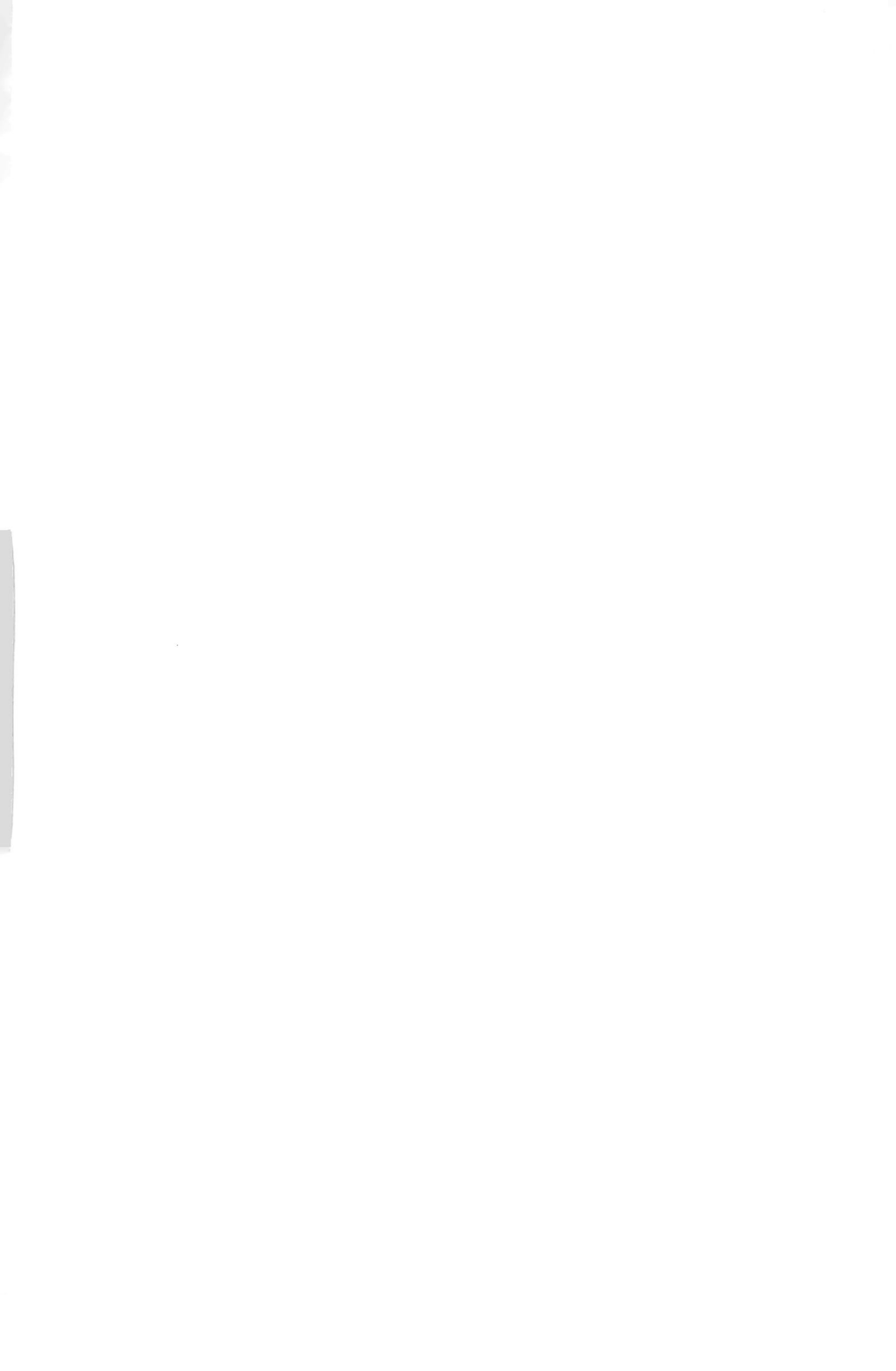

마이크로 리추얼 : 사소한 것들의 힘

微儀式

小事帶來不可思議的改變

張在烈 장재열——著

馮燕珠——譯

推薦序

微小其實並不小，而且深具改變的力量

蘇益賢

滴水能穿石，許多細小但持續發生的現象，在長久累積之後，往往能帶來巨大的影響力。

以人為例，許多嚴重的疾患，其實都是人們各種小小的不健康行為日積月累而成，不少癌症的肇因就與生活習慣有關，財團法人癌症基金會進一步指出，有三分之一的癌症可以經由調整日常生活習慣來預防。

又以心理角度來看，上班族們越來越常聽到，也越來越有共鳴的「職業倦怠」現象——其核心症狀有三，包含：（一）感覺精力耗盡或筋疲力竭，（二）與工作的理想距離越來越大，或對工作感到抗拒或悲觀、懷疑，以及（三）專業效能減低——其實也是上班族在職場中，時時刻刻感受到的「不適配（mismatch）」狀態日積月累的結果。

從這個角度來看，所謂「點滴累積、日積月累、滴水穿石」這些概念可能讓人細思極恐。許多我們不想要的結果，其實都是從「小」開始累積的。小雖小，卻可以很可怕。

然而，本書作者巧妙運用同樣的概念，翻轉了這個看似負面的結果——是的，我們也可以利用這些看似微不足道的行動，因為持續累積而釀成正向的改變，這就是作者所稱的「微儀式」：為了照顧自己身心而制定的簡單行為，而且可以每天重複。

微儀式雖然「微」，卻不表示它不具有力量。只要持之以恆，即便只是小小的行為，也能產生巨大的影響。小雖小，卻可以很有力量。

從我的觀點來看，「微」還有幾個優勢。首先，因為要做的就只是微小的儀式，不會太複雜、不需要進行太久，人們在執行時，多半不用花很多力氣去啟動那難以啟動的意志力（想想在快要下雨的時候，還要催促自己出門跑步時的感受），因而更可能每天實踐而累積成果。

此外，對大腦改變來說，「累積」與「重複」是重要的。每次執行微儀式時的「起心動念」，其實也都在無形中，透過神經可塑性（neuroplasticity）的力量，慢慢微調大腦型態。這種改變，也讓未來的我們在進行這些儀式時，更為自在與習慣。

在企業分享壓力管理主題時我多半會提到：壓力與自律神經狀態息息相關；自律神經失衡，更是讓人們壓力山大，出現各式壓力症狀的原因。

簡單地說，自律神經是否平衡，取決於當中的「交感神經系統」與「副交感神經系統」兩者之間運作的狀態。你可以把人體想像為一部汽車，交感神經就是汽車啟動時的「油門」，讓我們充滿鬥志、精神十足，可以專注面對眼前的挑戰；而副交感神經則像是汽車在減速時要啟動的「煞車」，是我們在放鬆、休息、用餐、玩耍的時候應該被啟動的。

開車必須要有彈性，依據路程與路況決定油門與煞車如何交替使用。油門與煞車之間的搭配，衝刺與休息之間的平衡，決定了這一部車（也就是我們這一具身體）能否在未來繼續長久地運作下去。

健康的開車方法可以比喻為：油門、煞車、油門、煞車、油門……但我觀察許多忙碌職場人士一整天的生活，往往更像是：油門、油門、油門、油門、油門……直到下班那一刻，才終於記得要踩煞車。比較幸運的人一踩就停，但也有不少人的煞車好像壞了，踩了也沒有用。

我常提醒學員，別把象徵休息的「煞車」全部留在下班時間。畢竟，衝過頭之後才要踩煞車，可能也沒那麼容易。在工作過程中，偶爾就留一些時間給自己稍微踩個煞車，往往可以讓我們稍後的表現更好、續航力更久。

不過，下一個問題又來了。我們可以做些什麼來讓自己踩煞車呢？這時，本書提供的各種微儀式，其實就是非常好的提案。

微儀式的「微」，提供了疲憊不堪的人們另一種思考休息的方向。許多人心中想到的休息或自我照顧，往往所費不貲、成本不低。好比，有人覺得出國一趟才算休息、超過三天長假才算放假，又或者沒有花上一筆不小的血拚費，就沒有達到放鬆的效果。

矛盾的是，當我們每天處在身累、心也累的時候，光是想到要去進行那些比較「大」的休息時，可能都還沒行動，心就又開始累了。

因此，我喜歡把休息再細分為：微休息（有一點點時間就可以進行的休息）、小休息（每天下班進行）、中休息（每週進行）、大休息（比較長的假期時進行）。在安排不同休息時，我們當然也需要不一樣的「休息菜單」。

多數個案其實對於中休息、大休息比較有想法，但缺乏對於微休息、小休息時能可以做些什麼的靈感。作者所提出的微儀式，便為此缺口提供了許多寶貴的建議。

在企業授課，特別是六、七小時的長時數課程規畫上，除了需要留意講授、學員互動、體驗設計之間的比例之外，我往往也會在課程進行之間，安插一些微休息，邀請學員與我一起踩踩煞車。可能就只是邀請大家陪我一起好好喝一口水（我也想邀請讀到這邊的你，此刻好好地喝一口水）、花一分鐘伸展你久坐的筋骨，又或者是花十秒鐘，穩穩地呼吸。這些微休息、微儀式往往花不了多少時間，卻能讓學員的狀態變得很不一樣。

下一回，當我需要新的微休息靈感時，我會打開這本書，從作者整理的微儀式中，找到幾個過去沒試過的方法，花一點時間、用一點力氣，透過具體行動照顧自己。

誠摯推薦本書，給已經累到沒有力氣做太多事情，可是還想好好照顧自己的讀者。更祝福每一位讀者，都能透過每次自我照顧的小小努力而能滴水穿石，慢慢成為那位更健康、更有韌性與彈性的自己。

（本文作者為臨床心理師、企業講師）

好評推薦

起床後把棉被鋪好、替自己泡一杯冰冰涼涼的鮮奶茶，這些都是我在日常生活中鼓舞自己的微小儀式，啟動了一天的美好，這本《微儀式》提供了許多微儀式的靈感，讓我們從生活中慢下來，找到自己安定身心的力量吧！

——極簡生活家／Kasin

透過簡單、有意識的小行為，就能讓內心更安定，成為心靈的支柱。微儀式雖然看似不起眼，卻能帶來很大的轉變。

我想把這本書推薦給那些被生活壓得喘不過氣，渴望找到平衡的你。

——圖文部落客／金子小姐

目錄

第二章

精神平衡

抓住重心，不再被不安左右

第三章

為了自己的瑣碎習慣

從恢復走向成長

序
給生活在跑步機時代的你

在成功心法、成為富翁的方法等自我啟發類書籍成為出版界主流的時代，「用這樣的想法寫文章有意義嗎？」我有過這樣的懷疑，也不想為了大勢所趨而寫出暢銷但不符合我要求的文章——我不想用刺激某人的不安文字句來賣書。所以徵詢身邊前輩的意見，其中有一段話讓我印象深刻。

「與其馬上寫書，不如堅持做十年的諮詢師，好好地在你的本業上努力。你所做的諮詢工作就是累積照亮世界的資料。所以，在累積超過上萬單位的數據之後，看著這些，某一天就會知道該對世界說什麼了。」

這是以「Mind Miner」而廣為人知的宋吉永博士說的話。

♪

隨著時間的流逝，我不知不覺已經進行了近十年的諮詢工作，大約見過四萬四千多人，在這個過程中，真的開始一點一點地看到了世界。在此期間，腦海中最常浮現的一句話是「真是個像跑步機一樣的時代」——一休息就會怕落後，所以不敢停下來，但就算努力生活也只是原地踏步。

在成長和過勞等關鍵詞同時增加的諷刺時代，大家都有穩住心靈重心嗎？大家都有按照自己的速度生活嗎？

對於生活在這個時代的我們來說，也許比成功法更重要的是**「不失去我的節奏」**，無論你有多麼強烈的渴望和目標，如果總是過度發揮、不斷被消耗殆盡，就會離目標越來越遠，最終無法跑完全程。就像在馬拉松比賽上因為焦慮，初期選擇快速衝刺，到後期卻漸漸無力而不得不棄權一樣，為了不失去自己的節奏，我們需要什麼呢？

大家可以試著回答以下問題：

- 如何不被不安所動搖、穩定心靈的重心呢？
- 如何克服「只有我落後」的感覺、以自己的速度生活呢？
- 在過勞期到來之際，有沒有能代替逃避、好好恢復的方法呢？

看到每一章結束時，大家就能找到上述問題的答案。不是我告訴你的，而是透過我的提問和引導，也許可以發現屬於自己的健康恢復「微儀式」。這裡的「微儀式」是指雖然看起來微不足道，但只要堅持實行，就會為生活帶來巨大變化的意識習慣。不是像每天都要檢查並努力的課題，而是在不知不覺中，就可以習慣的「非常瑣碎的行為」。

我之所以如此集中於「瑣碎」，是因為聽了四萬四千人的故事後發現一個共同點：**「人生會因為非常小的事情而崩潰，但也會因為非常小的事情而改變」**。雖然短時間看不出來，但我想給大家看日常生活中，自然滲透、小而大的波長，以及細微的力量。因此，書名也取為《微儀式》。

在本書中，我們將集中於更小、更瑣碎的「微儀式」，並一步一步地介紹。每項微儀式都是我和前來諮詢的人們一起實踐過的，中間經歷了哪些變化、發生了什麼軼事，我都會毫無保留地告訴大家。

像書中的人們一樣，大家的人生中也會經常出現崩潰、停滯、恢復、變化的瞬間，這本書介紹的二十一個微儀式將成為你的領跑者。不要太著急，也不要太猶豫，以自己的速度，最終會幫助自己接近想要的目標——無論是物質上的成功、精神上的幸福或是平安。

所有瑣碎小事聚集在一起，累積成比想像中更大的旅程，現在讓我們一起走下去吧！

第一章

微儀式

恢復，就從最細微的事開始

1. 聽過休息倫理嗎？

二〇二三年十二月，我難得經過韓國建國大學附近，腦海中突然浮現一張臉。我是那種一想到就會馬上聯繫對方的人，於是馬上傳了訊息。

「教授，有沒有空一起喝杯茶？」

「啊！三十分鐘後我就可以下班了，當然好啊！」

專攻職涯探索的心理學家、建國大學教授李恆心是我的職業過勞（？）朋友。我們都在差不多的時期經歷了職業過勞，在恢復的過程中，對生活的觀點都發生了很大的變化，雖然年紀不同，但因為經歷過相似的狀況，自然而然頻率就對上了。或許是因為這樣，只要一見面我們就會忘記飢餓，暢聊好幾個小時都不累。李教授在確診新冠肺炎後有了後遺症——體力很快就會耗盡，之後甚至出現職業過勞。

「在烈最近還好嗎？你從職業過勞中恢復了嗎？」

「是的，幾乎已經回到原本的狀態。教授呢？」

「我也是。在清邁那一個月的生活成為轉捩點，我到現在還是維持靜心的習慣。在烈有去哪裡嗎？」

「沒有，我一直在工作，不過會在日常生活中進行一些『微儀式』。畢竟今天的『損害』不該累積到明天，應該在當天恢復。」

教授聽了點點頭。

「你能這樣想很好。是啊，微儀式……在當今社會尤其需要。我之前到美國進修，待了很長一段時間，後來成為教授後又待了一陣子才回國。剛回來時覺得在韓國生活好緊張，大家都很緊繃，不太能適應。所有人都匆匆忙忙，感覺很急躁。其實我也是個對生活很有熱情的人，但當所有人都以時速兩百公里的速度狂奔時，時速一百二十公里的我被遠遠拋在後面，明明我的速度已經算很快了，卻還是落後大家，讓我覺得有股焦慮感。」

「是啊，教授。不覺得我們都生活在跑步機上嗎？」

「沒錯，所以我最近對『休息倫理』的概念很感興趣。我是研究職涯規畫的心理學家，所以主要研究內容都與工作有關。但是在經歷過體力完全耗盡之後，我才知道一定是哪裡出了問題。社會對職業倫理特別嚴格，因此，對於休息會有一種莫名的罪惡感，即使是身為心理學家的我也會這樣想。但是在烈你知道嗎？要好好休息才能好好工作。可是這個社會卻無法學會如何好好休息，所以我想「想，到了應該規畫『休息倫理』的時候了。其實我認為『Retual』（微儀式）對每個人來說都有可能起作用。」

✦ 什麼是「微儀式」？

各位聽過上述對話中經常出現的「微儀式」一詞嗎？或許有人很熟悉，或許有人是第一次聽到。若要用一句話來定義它，可以這麼說：**「每天反覆、規律地為自己做的有意識行為。」**

簡單來說，**微儀式是為了照顧自己身心而制定的簡單行為，而且可以每天重複。**例如整理被子、光腳走路、靜心……什麼都可以。雖然感覺起來就像例行公事，但還是有點不一樣。與護膚、運動、自我開發等各種有目的性的定期例行公事不同，「微儀式」是以明確**「掌握自我心靈的重心」**為核心。

只是這個掌握自我心靈重心的概念因人而異。有人像我一樣，想從職業過勞中恢復；有些人可能想要一個放鬆、更有效率的工作狀態；也有人是為了減輕不安感、雜念，以每天都能平安、平靜地度過為目標。

像這樣根據各自的具體目的，每天花五到十分鐘照顧自己心靈的習慣，就是微儀式。主要由日常生活中常見的瑣碎、微小行為構成，但是尋找屬於自己的微儀式過程並不瑣碎，反而像訂製服裝一樣特別，因為這是在日常行動中尋找什麼是可以「穩定我心靈的東西」，並規畫在什麼時間做會比較好，可以說這是主動探索自我的旅程。

我之所以對「微儀式」感興趣，完全是出於很個人的理由。一切源於「我為什麼經常感到疲憊？」的疑問。在至今三十九年的短暫人生中，我經歷了三次職業過勞的波濤。

剛開始以為是我太敏感或懦弱，但是在自己成為諮詢師之後，這十年來遇到了很多人，發現原來不是只有我跟不上、不是只有我懦弱，很多人都在各自的跑步機上疲憊不堪，卻未曾露出疲憊的神色，也沒有讓人察覺到他們的疲累，因為有要撫養的家人、怕周圍的人對自己失望、怕只要一停下來就會失敗……雖然原因不同，但大家看起來都和過去的我一樣。

我不想對那些人說「停下來吧」，是因為每個人都有各自不同的故事，也有各自的情況。我只想讓大家在奔跑時可以調節一下，而「微儀式」就像馬拉松比賽的配速員，幫助選手調整呼吸、速度，最後到達終點。「微儀式」將成為大家「以我的速度生活」、雖小但堅韌的力量。即使還是繼續繁忙的日常生活、即使無法去遙遠的地方旅行，也能充實過每一天，今天消耗的能量就在今天之內統統恢復。

現在要正式開始了。這本書由三大章組成，每一章的開頭都包含了我經歷的三次職業過勞和恢復的經驗談，接著是我在擔任諮詢師期間遇見的人的故事，最後提供了尋找「微儀式」所需要的「微儀式指南」。請以讀者的角度輕鬆閱讀每一章的故事，而在指南的部分，就請各位化身為作者，親自寫、思考並完成。這本書是各位和我一起完成的作品，現在就一起尋找屬於你的微儀式。

首先，先從我的故事開始吧。

2. 只是因為怕落後而認真生活

二十八歲的秋天，還是上班族的我，某天下班走出公司竟在大門口暈倒。完全不知道原因，送到急診室後醫師也說沒有大礙，休息一會兒就好了，但事實並非如此。週末過去了，我還特地請了特休，情況卻沒有好轉——總是頭暈、常常放空，有時會突然呼吸急促。我覺得很害怕，跑了好幾家醫院進行檢查，但所有醫師都說我血壓偏低，其他沒有特別異常。在最後一間醫院，醫師對我說：「要不要去身心科看看？說不定是壓力或其他因素。」

剛開始，感覺像是被當成精神病患一樣，心裡很不是滋味，但漸漸地開始發生一些不容忽視的狀況：過馬路時，會在斑馬線上不自覺愣住，等到清醒過來時已經紅燈了；在公司，只要主管一叫我的名字，就會喘不過氣來。等到身邊的人都感覺「這人是不是哪裡不對勁」時，我終於到身心科報到。醫生對我說：「聽說過職業過勞嗎？你還有憂鬱和恐慌的症狀，我想應該是因為工作……你一直在折磨自己，而且已經持續很長一段時間，身心都累壞了，現在就是爆發的時間點。你可以稍微回想一下過去嗎？」

聽了醫師的話，我想了很久，我是從幾歲開始嚴格對待自己呢？最初的記憶是小學一年級選班長那天。小時候的我比較柔弱、個性內向，幾乎沒有朋友，所以很想交朋友。我一直期待選班長的日子到來，因為如果當上班長，就需要帶領全班準備運動會、教室布置等活動，感覺朋友會越來越多。於是在推薦候選人時，我舉起手。

「老師，請問我可以推薦自己嗎？」

沒想到老師馬上斬釘截鐵地說：「不行，你媽媽已經很辛苦了。」你們知道這是什麼意思嗎？因為我是住在集合公寓裡的窮人家孩子，所以不能當班長。在九〇年代的韓國，紅包文化依然猖獗，若是住在集合公寓的孩子成為班長，老師會擔心接下來的學期從媽媽那裡收到的紅包會減少。

回家後，我把老師的話轉述給媽媽，她那天把自己鎖在臥室裡哭了一夜，而我從第二天開始就受到長期的無視和霸凌。我住在人口不多的小鄉鎮，小學、初中、高中的同學都差不多，從八歲開始的霸凌一直持續到高中一年級。有時候被孤立，有時候是遭受校園暴力，雖然加害程度每年都不一樣，但午餐時間沒有跟同學一起吃飯這點始終如一。

十歲那年，我心想：「貧窮又柔弱的我原來會讓人覺得好欺負啊……好欺負的人會成為大家的攻擊對象，大人也不會保護我。那我不要交朋友了，我要成為不被忽視的優秀存在。」

從那時起，我的人生目標變成：到三十歲的時候，成為比欺負我的同學還要更優秀的人。等到開同學會時，我要親自確認那些欺負我的人過得比我差。當時我認為那是自己能做到最好的報復。

在青少年的世界裡，強者不是會打架就是會念書。我無法成為會打架的人，所以我想好好用功讀書，考上第一學府首爾大學。那些欺負我的人當中，有一部分是「功課好、家境好，即使欺負同學，老師也會睜一隻眼閉一隻眼的孩子」，我只能考上比他們更好的學校、找到更好的工作，不管是什麼，我都只能瞄準第一名。但是，在我歷經三次重考，終於考上首爾大學後，感受到的不是成就感，而是「我比他們落後了兩年」的焦慮感。

✦「為什麼別人可以，我卻不行？」

大學一年級開始，我展開了對外活動。大學同學說我「像妙麗一樣（電影《哈利波特》中，她把一天當四十八小時在用）」，因為我修的學分數總排在前三名，還加入學生會，在各種比賽中獲獎、打工、參加校外活動之餘還當了志工。在「Spec」❶這個詞剛流行的時候，我的履歷上已經累積了四十多行Spec。即使如此，我還是很不安：怕自己進不了大企業工作。

大四下學期畢業前夕，我終於成功提前應徵進自己理想中的公司，「現在可以了！」我第一次感到安心。畢業於首爾大學，進入三星電子工作，以後就不用再受心理陰影困擾了。就在我感到安定的時刻，那顆被折磨許久的心卻開始崩

❶ Specification的簡稱，指個人履歷中包括學歷、學分、各種資格證照在內，能證明自己能力的內容。

潰。症狀越來越嚴重，我陷入了自慚形穢的狀態。

「同一時期進入公司的同事中，沒有人像我這樣，為什麼只有我無法堅持？為什麼只有我這樣？」

心理治療猶如在五里霧中，看不見效果。諮商師和醫師的話我都聽不進去，只是一直想「為什麼別人在公司裡都過得好好的，只有我無法？」症狀越來越嚴重，最終我還是辭職了。

獨自關在房間度過二十九歲的秋天，再過半年就三十歲了，別說比以前那些欺負我的人優秀，現在的我只是一個每天要吃憂鬱症藥物的無業遊民。同學會當然去不成，每天只是重複同樣的想法。

「太委屈、太委屈，我真的太委屈了，我只是不想因為貧窮而被人瞧不起，只是不想再被任何人欺負，所以才咬緊牙關、努力地活著，我又沒做什麼壞事，為什麼要這樣對我？」

每週接受一個小時的心理諮商，但剩下的一百六十七個小時仍只是反覆埋怨世界、埋怨自己，然後迷迷糊糊地睡著，每天睡將近二十個小時，而這段期間一直更換諮商師。

這回已經是第五位諮商師了，是一位溫柔又活潑，像鄰居大嬸的諮商師。

「張在烈先生？久聞大名。」

「什麼意思？您是指我是個出了名的麻煩患者嗎？」

「呵呵，這話也不能說不對……我思考了一下，決定給你一項作業，而不是像以往那樣諮商。」

我一臉茫然，諮商師繼續說。

「在烈，也許答案就在你身上，現在你的心就像被裝進堅硬的箱子裡一樣，到處都被堵住了。你可能會覺得有點怨恨社會，覺得『我照著這世界和大人們要求的方式努力生活，為什麼結果不是報酬，而是精神疾病呢？』所以我想，也許是大人們的話讓你反感，而關在箱子裡的你才能給自己最好的建議，所以我要給你的作業是『自問自答』。這段期間你可以不用來找我諮商，當然也不用繳諮商費，回去把問題寫出來，然後再自己試著把答案寫下，覺得差不多了就拿來，我再幫你看看。」

意想不到的變化就從一份代替諮商時間的不可靠作業開始。

3. 再次向上的力量從何而來？

第一次聽諮商師說「作業」時，我並沒有馬上行動的想法。當時心想：「連吃飯的力氣都沒有，只知道睡覺的我，有辦法寫出文章嗎？」但是基於諮商師不收錢的善意，就先照著她說的去做吧。

方法很簡單，我開了個部落格，申請兩個帳號，先用受諮商的角色寫下問題，第二天早上再用另一個帳號登錄，以諮商師的角色，回答前一天我寫下的問題。自己想問題再自己回答，而真正的諮商師每週會看我的部落格，為我加油或提出建議。我還記得第一個問答：

「我只是努力生活而已，為什麼會變成這樣呢？」

「你確實很努力。但是既沒有想去的目的地，也沒有想做的事情，只是因為不想落後別人才努力奔跑的啊。為了自己喜歡的事情而奔跑的人，與因為沒有安全感而奔跑的人，疲憊的速度是不一樣的啊。」

內容雖然很短，但為我帶來了衝擊。學設計出身的我，其實不太擅長寫作，但因為是對自己說的話，也不用看別人的臉色，所以可以很冷靜、尖銳、誠實地對自己說出來，心想也許可以找到一些提示，再加上諮商師每週都會確認的壓力，因此決心先每天寫一點。不過雖然開始了，要持續下去卻很難。我可以寫問題，但回答卻不容易。

結果問題不停累積，卻都沒有答案。某天，諮商師在我的部落格留下評論：「哪怕時間很短，也出去走一走吧。在沒有人的凌晨時分到外頭呼吸新鮮空氣，再回來寫文章吧。」

諮商師建議我踏出家門，反覆走一段很短的路就好，此舉名為「微散步」。她是看到我之前寫的「我討厭看到努力生活的人，所以很久沒出門了」，而有了這個想法。看到諮商師的留言時是凌晨四點，心想「這個時間外面應該沒有人吧」，我稍稍打開大門。幾個月來一直待在家裡，都不知道早已入冬了。凌晨的空氣很好，我突然想騎自行車。

從那天開始，一到凌晨四點，我就牽著自行車出門，在一樣的路線上騎十分鐘，每天看著同樣的景物，久而久之卻發現非常細微的變化。昨天明明還是光禿禿的冬樹，今天似乎長出了嫩芽；有人用箱子做了一個小窩給每天睡在車子底下的流浪貓。隨著春天的到來，接觸鼻尖的空氣溫度也發生了變化，太陽升起的時間也一點一點地提早了。這些細微的變化讓我有了小小的希望。

「就像諮商師說的，每天看起來都差不多，但確實慢慢變好了？」

之後，我又開始回答自己寫下的苦惱了。就這樣持續了快三個月，發生了一件讓我大吃一驚的事。

✦ 原來跟自己一樣的人這麼多……

「三〇七？等一下，這是什麼狀況？」

這天，我的部落格點閱數超過三百。我開心嗎？不，很害怕。

「這個部落格是我和諮商師之間的祕密筆記，是誰在看我的筆記？他們是怎麼知道的？」

我產生了疑問。後來點閱數起起伏伏，某天超過了一千，接著我收到陌生訊息。

「請問我有問題想請教該怎麼做？直接傳訊息嗎？我二十三歲，應該稱呼您諮商師嗎？感覺你的年紀比我大一點，還是說我可以稱呼您姊姊？」

後來才知道事情是這樣的。我一直很固定地在部落格上寫東西，沒想到在不知不覺中，竟可以在網路上搜尋得到我的部落格。如果搜索「憂鬱、辭職」等關鍵字，部落格內的相關文章就會出現在搜尋結果內，人們看到我的部落格以問答方式呈現，誤以為是「諮商部落格」，因此也想分享他們的故事、尋求建議。

還有另一件特別的事情：大部分網友都誤以為我是女性。或許是因為沒有名字，也沒有主題，於是網友就從文章內容來推測（設計系畢業、時尚產業出身）我的身分。我真是既驚慌又害羞，但是看著那些人傳來的故事，我意外得到了療癒，切身感受到「原來不是只有我這樣啊」。

如果放眼看世界，會發現像我這樣的人真的很多。我無法給他們實質幫助，只能回信，誠實地告訴他們其實我是一位病人，這是我的療程，而且我是一位男性（！）對不起，沒能幫上忙。大部分的人都說他們不知道是這樣、對不起、為你加油，然後就沒再傳訊息來。但很意外的是，有幾個人又傳來這樣的訊息。

「原來如此，我都不知道，真不好意思。不過我也固定接受諮商，也要去醫院回診。我想，我們就當個筆友好嗎？」

✦「青春諮詢室的姊姊們」正式開張

就這樣和幾位網友成了筆友，談論彼此的生活、分享去諮商的故事，也互相支持。隨著時間流逝，筆友超過了二十位。我們有時是尋求諮商的人，有時又扮演諮商師的角色，傾聽彼此的故事。慢慢的，偶爾會約出來見面喝咖啡，以前只在凌晨時分出門的我，後來也開始在大白天出門了。

就這樣，我逐漸恢復。某天，我去找一位朋友，他既是長期閱讀我文章的讀者，也是筆友。

「你一直寄郵件給我，但我不知道該怎麼幫你。你是心理諮商研究所的學生，應該比我強吧？你幫幫我吧，有那麼多人和我們有類似煩惱，可是我又不是專業人士，知道的有限，但是心裡總是掛記著有沒有可以傾聽他們故事的方法……」

朋友這麼說：「不一定非得是專業諮商師，朋友也可以傾聽你的煩惱啊。就像大學的竹林論壇❷一樣，那個叫『同學諮詢』。要不要試試？不過，我們應該表明自己並非諮商專家，只是一群年齡差不多的青年，避免引起不必要的誤會。」

就這樣，我和朋友們一共七人合作，決定傾聽與我們年紀差不多的青年們的苦惱。名稱就訂為「青春諮詢室的姊姊們」，比起醫生或諮商師，鄰居姊姊有時反而會成為更可靠的支援，我們也希望有一個這樣的角色在我們身邊，所以取了這個名字。只要年齡在二十到三十歲之間，不管是誰，都可以將自己的苦惱傳過來，我們會提供自己的想法，而且完全免費。經過了一段時間，我們這個小團體

❷首爾大學的竹林論壇，有點類似臺灣的PTT。

已正式註冊為NGO社團，而我成了代表。

無論何時都努力不想落後的我、為了不被別人輕視而繃緊神經的我，現在居然懷著與某些人共生的想法，這讓我感到非常陌生。但是為了治癒自己而開設的部落格像滾雪球一樣越滾越大，志同道合的人們很自然地聚集在一起，我決定相信這種「自然」，並步入三十歲後的人生，做我之前從來沒有想過要做的事：幫助別人。

為你準備的微儀式指南

微儀式說明書

我人生的第一次職業過勞，帶來了兩個微儀式，一是我身兼受諮商者和諮商者的「自問自答寫作」，以及每天來回同樣路線，感受細微變化的「微散步」。

在這本書中，不時會出現「微儀式說明書」。除了推薦一些微儀式，同時還會介紹詳細執行方法，也會提出問題協助你找尋屬於自己的微儀式。正如之前所說，有我自己在生活中的親身經歷，或是在諮詢時聽到的故事，也有的是從身邊朋友的對話中得到的啟發。

每則故事都像讀隨筆一樣可以輕鬆愉快地享受，各位就成為這本書的主角，親自體驗吧！以下就先介紹自問自答寫作與微散步。

微儀式一：自問自答寫作

自問自答寫作可以像我一樣寫在部落格，也可以寫在實體日記本上。重點是要分離兩個人格面具，也就是說，在寫煩惱的問題時，可以直接以「我」的身分寫，但是在回覆時，就要用第三人稱的角度來寫，這點很重要。在此分享幾個祕訣。

一、開設部落格時，申請兩個帳號

第一個帳號在部落格中寫故事和煩惱，

BLOG

希望公園

大家好，最近晚上總是睡不好覺，滿腦子都是接二連三的負面想法⋯⋯

留言

吃過東西的姊姊：睡不著的時候就乾脆起來活動一下怎麼樣？

第二個帳號就用來回覆。可以參考以下圖片。

二、如果寫在筆記本上，請用不同顏色的筆

寫故事、煩惱時用黑色的筆，在寫回覆的時候就用藍色的筆。更進一步，可以把故事寫在左上方，把回覆寫在右下方，這樣在視覺上會完全分離。

三、可以隔一天再回覆

許多畫家在作畫時遇到瓶頸，或覺得不太順的時候，會把畫放在看不見的地方，隔幾天再拿出來，之前一直集中在畫布上卻看不見的問題反而會比較清楚，就能看到哪裡應該修改。

煩惱內容
希望公園
大家好，最近晚上總是睡不好覺，滿腦子都是接二連三的負面想法……

回覆內容
吃過東西的姊姊
睡不著的時候就乾脆起來活動一下怎麼樣？

同樣的，如果寫下苦惱後無法立即答覆，那就先別管，改天再回覆吧！因為昨天的我和今天的我會有不同的情緒、態度和狀態。也就是說，把昨天的文章在今天拿出來看，感覺可能會不一樣。比起立即回覆，可以用更客觀的角度來回答。

四、如果還是很難，先寫下問題就好

如果覺得回覆太難，先把想到的問題寫下就好。經過一到兩週後，再回頭看之前寫的問題，看到任何一個「現在可以回答」的問題，就把答案寫下來。這算是一種熱身運動吧，不用強迫自己非得一問一答，昨天寫下的問題不一定今天就要給出答案。有時隔一段時間再看，反而會比較容易回答。

♫

像十年前教我自問自答寫作的諮商師一樣，這次輪到我來成為各位的諮商師。以下準備了練習頁。

好，來試試看吧！

煩惱的內容

回覆內容

煩惱的內容

回覆內容

微儀式二：微散步

雖說微儀式是指簡單的小事，但有些人會認為自問自答寫作看起來並不簡單。請放心，本書要介紹的大部分內容真的都很簡單，尤其是微散步。你可以想像，就是訂一個微米（百萬分之一，那麼小的單位）的範圍走路。

微散步是從美國布魯克林區上班族開始的一種趨勢。從二〇〇六年左右開始，每天走一百公尺左右。

走一百公尺需要多久時間？成年人每秒步行約一．二到一．五公尺，也就是說，以普通步伐走一百公尺根本不到一分鐘的距離，真的很短吧？

關鍵是慢．慢．走。以比平常慢兩倍以上的速度，不只是單純走路，還要觀察路上的變化，像用顯微鏡一樣仔細觀察。

顯微鏡的英語是「microscope」，字首的「micro」意指微小，所以微散步除了意指散步長度非常短，也有像顯微鏡一樣仔細觀察短距離變化的意思，非常貼切的表達吧？

好，那大家也來試一下吧。

- 設定想微散步、可以微散步的時間段。
- 在那個時間段我會在哪裡（家、下班回家路上、公司等）。
- 設定最想走的路線。
- 每天步行兩到三分鐘就好。

先記錄一週吧，為了確認慢慢走，也把時間寫下來。

	實行與否	所需時間	今日的發現
第一天			
第二天			
第三天			
第四天			
第五天			
第六天			
第七天			

4. 獨居，自己迎接自己

我們在「青春諮詢室」新增了公開的電子郵件地址，從那天開始，郵件如雪片般飛來。我和同事們產生了很多想法：

「原來有這麼多人有話無處可說啊。」

「我們這個年齡的人苦惱都差不多。」

「大家都過得很辛苦啊。」

「真的是很無助才會寫信到這裡來吧？」

我們都有過類似的經歷，所以即使不說話也有相通的感覺。如果向父母訴苦，他們會擔心；老是向朋友訴苦會覺得對他們很抱歉，於是不知不覺就不再開口。尤其獨居的人很多，從外地到異地念書的大學生、被派遣到外地工作的上班族、因為在家待不下去而選擇獨居的傷心人……

其中，二十五歲的雅賢因孤獨，感到特別疲憊。她獨自在日本工作，每兩天就會寄一封信來，信中總是提到「回家時感覺很空虛」。

「日本的冬天特別冷。下班回到家，一開門那股空無一人的寒氣，更讓人心冷。所以偶爾我會仰起頭對著天花板說『我回來了』，但感覺更孤單。有時回到家我會不開燈直接進浴室。因為開了燈，就會看到凌亂的被子、拖鞋，早上慌慌張張出門上班的痕跡。有時我會『認清現實』，產生『我為什麼要跑到這麼遠的地方來受苦』的想法。我的選擇是不是錯了？我是不是後悔了？」

雅賢罹患了「思鄉病」。為了自己喜歡的工作而前往海外，這種孤獨感在不知不覺中，壓抑了對工作的滿足感，甚至產生放棄喜歡的職業、認真思考回國的念頭。為了擺脫這種情緒，她一直寫信給素不相識的我們。看了她的信覺得很不捨，想幫點什麼忙。

但是我們無法像心理諮商師或精神科醫師一樣開處方，因為我們的作用是「會傾聽的同齡朋友」。雖然每次真誠的回覆多少有些幫助，但因為我非常了解她形容的那種回到家一瞬間的空虛感，所以寫了封包含建議的信：

「雅賢，我也曾因強烈的情緒而主動放棄了自己的選擇，不得不辭職，隱居在家裡。一個人獨自生活，回到家沒有人迎接我的那種心情我懂，因為我也獨自生活了很長一段時間，所以我必須迎接我自己。後來，當我回顧過去時，發現那些比想像中還要更微小的日常生活變化成了一種『觸發器』。」

我向雅賢分享了我的微儀式——**整理被子和鞋子**。在職業過勞和憂鬱症到來之前，我是一個從不整理被子的人，因為我覺得沒有做這件事的必要，每天早上趕著去上班都來不及了，哪有那種時間？但是在經歷過憂鬱症後我才知道，一旦心累了，即使是很小很小的難關，也會很容易就崩潰。

✦創造「家」的微儀式

曾經，一篇「只有經歷過憂鬱症的人才能產生共鳴」的貼文，在社群網站上成為熱門話題。內容是一名憂鬱症患者想用手撕開藥包，結果卻撕不開，他腦中馬上產生了「不想活下去」的想法。貼文底下的留言分成兩半，一半是「拿把剪刀剪開不就得了」，另一半則是「我可以理解他的心情」。為什麼為了這一點小事就絕望呢？原因是這樣的——「不行，真的不行。我連一個小藥包都拆不開，連這個都做不到……」那是什麼感覺？那並非只是一個不容易撕開的藥包，代表的是無數失敗的延續。

我的小小難關是被子。心靈健康的時候對那亂七八糟的被子一點感覺也沒有，但從某天開始，突然覺得亂糟糟的被子就像我亂糟糟的生活一樣。走進小小的套房，最先看到的就是堆成一團的被褥。反正整個房間都很亂，就直接隨地坐下吃東西，手提袋也隨手往旁邊一放。漸漸的，心靈空間和房間的空間都消失了。

有一天，因為失眠睡不著覺而開始思考。

「反正也睡不著……還有一個多小時就要去打工了，現在可以做什麼呢？」

當時 YouTube 和 Netflix 還沒那麼流行，網路上也沒什麼好看的內容。為了打發時間，我起身拿了除臭噴霧在被子上噴了噴，然後鋪好，就像飯店的被子一樣。然後又把玄關的鞋子擺放整齊，還分類好白色和黑色的運動鞋。其實我沒有特別期待有什麼治癒效果，只是剛好有時間而已。

但是那天晚上從外頭回到家，當我一打開門，可以感覺自己的心情明顯不一樣。不是空虛或孤獨，而是感到安心、安全。雖然沒有人，但感覺「家」迎接我回來。不，準確地說，是**「我」迎接回家的自己**，迎接比平時早晨更勤奮一點的我，以及晚上疲憊不堪的我。

從那次之後，我開始整理被子和鞋子再出門。雖然有時很累，也會覺得很煩，但我每天還是會鋪被子、把鞋子擺好。懷著「晚上回來的我會比現在的我更累」的想法，在不知不覺中，製作了一個屬於我的微儀式。

我想對雅賢傳達那微不足道的一分鐘。**如果我們的心被瑣碎的事填滿、摧毀，那麼反過來，我們也可能會因瑣碎的事而重新變得堅強。**

兩年後，再次收到雅賢的消息。

「我沒有放棄，現在依然在日本打拚。在那段對我來說極其辛苦的日子裡，非常感謝您的陪伴，也謝謝您讓我知道我可以照顧自己。在那之前，我一直認為如果沒有人幫助我，我就無法站起來。但您讓我知道，一個人也可以過得很好。更神奇的是，現在即將變成兩個人了！我下個月就要結婚了，與一位很會鋪被子，也很會整理鞋子的男人。相信您也會為我高興、祝福我。真的非常感謝！」

微儀式三：
為了晚上的我，早上我能做什麼？

如果一個人生活，或者和別人一起生活，但是你會先回到家，一開門面對空蕩蕩的空間。

那種時刻會有什麼感受？還有那是什麼樣的空間？如果會覺得不舒服，是什麼原因呢？

整理一下進屋時，心情舒暢與不舒服的因素。先看一下我的例子（見下頁）。

從中挑選一、兩個執行，可以是能讓自己感到舒服的事，也可以是把讓自己不舒服的東西收拾好。重點是**不要超過兩個**，選擇在一到兩分鐘內就可以處理的簡單小事，不需要全部做完。

我當時開始做的第一件事就是整理被子，一段時間後成為習慣，又增加一項新任務，把換下的睡衣掛好再出門。當作是送給晚上回家的我，可以穿著乾淨整齊的睡衣，躺在鋪好的被子上的愉悅感。

如果你是比我更勤奮的人，應該可以做些更細緻的事情吧？晚上一回家就打果汁之類的，什麼都可以。

來，寫寫看吧。

讓我感到舒暢的事	讓我感到不舒服的事
• 被子疊得整整齊齊 • 鞋子整齊地擺放在玄關 • 屋內有盞微亮的小夜燈，而非伸手不見五指 • 玄關散發薰香精油散發的香氣	• 像褪下的蛇皮一樣，皺成一團的睡衣 • 昨天吃完後任意散置的餐具 • 四處凌亂散置的被褥和枕頭 • 莫名難聞的氣味 • 堆積如山的待回收物品

讓我感到舒暢的事	讓我感到不舒服的事

5. 心在極微小的地方再度崩塌，但又重新振作

在經營「青春諮詢所」期間，出現了很多意想不到的朋友，也就是宗教人士。神父、修女、僧侶、牧師……遇到了各種不同信仰的人，主要都是透過網路主動聯繫。因為大多都是上了年紀的人，剛開始多少覺得有點不知所措，但是接觸一、兩次之後就成了朋友。我們的共同點比想像中還要多。

第一，總是有人帶著煩惱來找我們。

第二，不收錢的志願服務。

第三，雖然很想給予幫助，但無法像醫師一樣提供專業的協助。

第四，總是思考「我該怎麼幫助那些人呢？」

有時我會反問他們：「像這樣的苦惱，我該給對方什麼建議？」從他們的觀點獲得智慧；反過來，他們也會說：「最近年輕人有這樣的煩惱，和我當年不一樣……」然後問我的意見。不知道是不是因為這樣，只要我們一見面，基本上都會聊上四、五個小時。

其中我最常與麗迪亞修女見面。她對每一位來到教堂的青年都傾注全心全力，還為此去首爾上關於心理諮商的課。她住在郊區，坐公車往返首爾至少要四個小時，每週會有三、四次到首爾，而且每次都會來找我喝茶。

有一天，修女小心翼翼地拜託我：「在烈，之前有一位青年常常來教堂，但從某一天開始就再也沒來了。我去打聽了一下才知道他一直關在房間裡，和家人也完全沒有對話，原本固定去的諮商中心也不去了。我去他家拜訪他，但他都不願意開房門。不知道是否可以請你寄封郵件給他？」

老實說，我當時覺得很有壓力，因為我跟那名青年素未謀面，也不可能直接去找他。但就連專業諮商師都沒轍，我能做什麼？不過最終還是寄了封郵件給他。

記得之前有另一位也是自我封閉的青年與我分享過：「我在家裡待了二年

而且足不出戶。直到有一天，一位大學同學聽到我的狀況，寄了十套內衣褲和十雙襪子給我。他說自己也曾關在家裡不出門，所以很清楚我的狀況，應該很久沒有好好換洗衣服了，並說『換上新的出來吧』。就是那份包裹，讓我踏出了家門。」

就像寄新襪子和內衣褲的心情，我想到用寫信的方法。不過若是逼對方寫信，可能會引起他的反感。我請修女印一份我們諮詢所的介紹內容，悄悄拿去那名青年家中，並放在家裡最顯眼的地方。

四個月後，我才得知那位名叫泰京的青年的故事。

✦只需要畫一條線就好

泰京和過去的我很像。家庭狀況不寬裕、在學校被孤立甚至也受過暴力對待、高考失敗等。若要說和我有什麼不同，那就是我經過三次重考後終於考上大學，暫時擺脫過去的陰影，然而他卻因父母反對而無法重考，「因為我們家沒有讓我重新再來的條件。」此後，他陷入「學歷的陰影」，只能朝向考公務員這唯一的出路（根據他自己的想法）。然而在四次落榜後，他把自己關進房間。

他說：「事實上，我關在房間裡的原因是『燉排骨的味道』。得知第四次落榜的那天，我媽在做辣燉排骨，那原本是我最喜歡吃的食物，但當下不是浮現出感謝的想法，而是感到很大的壓力。當初我說要重考大學時，爽快答應我不就好了？為什麼現在擺出一副好像很慈祥的樣子？我產生了自我厭惡的感覺。人生毀掉的是我，不順的也是我，卻有怪罪父母的想法，讓我覺得自己太沒用了。以後也會一直失敗，那麼，與其到時又責怪父母，還不如現在什麼都不要做。於是從那時候開始，就再也沒出門，現在更是無法出門了。」

他認為自己的人生只有失敗，讓我非常難過。因為害怕振作起來後又會面臨失敗，所以乾脆連身心科和教堂都不去了。我還能對他說什麼呢……我很迷惘。四天過去了，我都沒辦法回信給他。

後來我回顧了自己的生活。我是什麼時候才重新站起來的？對我來說，微散步是個開始。比起散步本身所具有的療癒力量，「每天堅持做點什麼」這件事本身就帶給我活力。於是，我回信給泰京。

「泰京，我曾經聽說，人只要在七天、二十一天、四十九天、一百天的時間內堅持做一件事，就會成為一種習慣。什麼都可以，找一件事堅持做下去。就算只是在房間裡拿張紙在上面畫線也好，這樣畫一百天應該可以吧？從想做的小事開始，試試看吧。」

於是泰京跟我約定，睡前在手機畫板 App 上畫一條線再躺下。他把畫了線的圖存起來，每週日一起寄給我。剛開始他寄來的信件沒有任何內容，只是附上照片而已，但我依然持續寫信給他，像自言自語一般，為不出門的他寫下季節的故事、鮮花的故事、當時流行的臺灣古早味蛋糕的故事等。

✦再微小的存在也能擁有希望

大概過了十週左右，有一天他開始變得不一樣了。信件內容多了一行字：「您好，我寄了郵件給您，請確認附件。」在原本只畫一條線的畫板上，有時多了顆星星，有時多畫了一顆蘋果。漸漸的，蘋果變成了蘋果樹，蘋果樹上還畫了星星——一條線成了一幅畫。

第一百天，我透過麗迪亞修女送給泰京一份小禮物，是一款可以在智慧型手機上更方便使用的觸控筆，然後寫了最後一封郵件。

「泰京，我請麗迪亞修女代為轉交一份小禮物，恭喜你，在一百天裡『堅持做一件事』的決心已經成功了。只是畫一條線又怎樣呢？這是你在人生中，再次下定決心並堅持完成的事。就像當初的一條線成了蘋果，後來又變成了蘋果樹。你想實現的東西也會一點點、一點點地擴大範圍，這樣就可以了。」

幾週之後，我收到泰京的信。郵件裡沒有任何內容，只有一張照片。看起來像沒什麼人出沒的凌晨時分，在某個地鐵站三號出口——泰京走出家門了。然後再過了幾週，他又寄了張樓梯的照片給我，在照片下附上這樣的說明：「用觸控筆畫著畫著，突然想試試看在紙上作畫，但是我沒有自信去上畫畫課，於是找了個可以一對一教學的地方，決定去看看。請為我加油。」

那天晚上，我和麗迪亞修女通電話時大哭了一場。泰京重新走到外面，我為什麼會覺得像是自己重新走出家門一樣感動？也許是因為修女和我都知道，我們都是懦弱的人，生活在這個世上，有一天也會像泰京一樣癱倒在地。但是泰京親身讓我們看見，**就算再微小的存在也能擁有希望**。

想知道泰京過得怎麼樣嗎？三年前，他通過公務員考試，現在已經是位經驗豐富的社福員，有時會在網路社群平臺上看到他分享生活。

各位是否也像當年的泰京一樣，正在人生中「沒有一件事做得好」的階段呢？希望你不要花太多力氣，只要用畫一條線的力氣就夠了，但是一定要堅持畫下去，就像泰京的線，一條條堆積在一起，成為蘋果、樹木、星星。**雖然我們的生活節奏很緩慢，但一定會重新站起來的。**

＊獻給於二〇二二年過世的麗迪亞修女，無數青年最溫暖的母親。

微儀式四：擺脫無力的力量

我常在演講時和大家分享，如果一個人想調整自己、重新開始時，可以從小地方起步。但很難形容到底有多小，正當苦惱著有沒有讓人一聽就了解的表達方式時，突然想到了「微儀式」。

顧名思義，就是從非常微小，真的需要用顯微鏡才能看到的小細節開始。還記得我對泰京說過的話，「這樣畫一百天應該可以吧？從想做的小事開始，試試看吧。」其實微儀式有兩種功能。

第一種像前面說過的整理被子一樣，行為本身具有某種效果；第二種則是像泰京畫線，當累積到「我做到了」的感受時，就會發揮效果。後者主要是針對處於無力狀態或自我效能感低下的人，具有重新注入活力的效果。

做什麼都無所謂，重要的是「想做、下決定心，然後做到了」。折一張紙、畫一條線、拍手三次，什麼都可以。

♪

好，各位也試著做做看吧。一百天，不，做一千天也可以，想一個你每天都能做、想做的最小單位行為。再次強調，行為本身不需要具備任何意義。完全沒有任何意義的行為？不知道這麼做有什麼用？想是這樣想，但你會越做越好的。

另外，這件事必須具備「可持續性」，也就是說，可以讓我們培養「持續的力量」。如果能累積起來，就會產生內在的力量，就可以承載在下一章節會介紹的更深層微儀式。

隨便挑一件事，再決定好時間，不一定非得一百天，七天、二十一天、四十九天都可以。

推薦「小菜一碟」程度的微儀式	各位認為「小菜一碟」程度的微儀式
• 在手機記事本 APP 上畫一條線 • 用力拍手三次 • 隨手翻開書，隨機只看一行 • 伸展身體一次 • 在朋友的 Instagram 上按讚 • 洗完澡後給鏡中的自己比個讚	

6.
從頻繁發生過勞的職業，可看出過勞的演算法

在泰京的故事中提到，人可能會因為一根小稻草而崩潰，然後又恢復，這是在諮詢時常獲得的感悟，比起因重大事故而崩潰的人，我看到更多人會因為許多瑣碎的事像灰塵般堆積，然後慢慢下沉。

我想告訴那些人：**不是只有你**。

有一段時間我都沒有寫書，而是在其他媒體上寫連載專欄，希望不買書的人也能看到。近來專欄不僅刊登在報紙上，還同步上傳到網路，有時還會在入口網站的首頁上。留言回應有數百則，但可悲的是，扭曲的人比得到安慰的人更多。大家也知道，很多人成天都掛在網路上，專門發表惡意評論。那些人在留言裡這

樣寫：

「自己不努力就說是過勞。」

「周圍那些高喊著自己過勞的人，都是不好好工作的人。」

「要說自己過勞，起碼應該先努力做點事再說話吧。」

他們的重點是：不努力生活的人連過勞的「過」字都沒有資格說。其實也不能說留下惡意評論的人想法很扭曲，實際上這是現在整個社會的認知。

在諮詢時也經常聽到類似的故事，若要說有什麼區別，那就是網路上的留言都是指責他人，但來諮詢的人卻是指責自己。因為過勞而來諮詢的人當中，比起說「我太努力、太用心生活了」，自責的人更多。

✦ 沒有過度的勞動也會過勞

這是去年遇見三十三歲的上班族——美妍的故事。

「在烈，我無法理解的是，我到底做了什麼才會過勞？」

「怎麼了？如果沒做什麼，就不會過勞嗎？」

美妍一邊摸著頭髮，一邊尷尬地說：「不是，我覺得不應該是我，而是公司裡那些真正辛苦工作的人會過勞才對。我又不像那些『God生』❸的人那麼勤奮上進，會在凌晨起床念書，準備考多益……」

不光是美妍，很多人在陳述時都會有這項共同點：他們覺得自己只是被動地上班打卡，下了班就回家，每個月等薪水入帳，其餘時間別人叫我做什麼就做，絕不做多餘的事。這樣的你如果發現過勞的症狀，也就是像美妍一樣，會有什麼感受呢？應該很多人會覺得不知所措吧？「不是……我又沒做什麼，怎麼會過勞？」甚至會想「那不是偷懶的藉口嗎？」但是美妍意識到自己既不是偷懶也不是無力，而是真正的過勞了。她甚至產生了這樣的想法：「如果像我這樣的人都會過勞，那麼那些比我努力的人不是早就掛了嗎？」

聽了她的話，我問道：

「那麼妳認為什麼樣的人才『有資格』過勞？」

「在烈，你看過電視節目《紀錄片三日》的汝矣島上班族篇嗎？最近還經常出現在短影音上。」

她說的是韓國KBS電視臺的《紀錄片三日：機智的職場生活——汝矣島未生七十二小時》，我記得，那是很久以前播出的內容。一度流行的新造詞「God生」，被套用在「汝矣島上班族的God生」為主題，在網路上出現許多截圖照片。

那些照片內容很簡單，有人凌晨五點起床在漢江邊慢跑，六點再去上班；也有人提早一個小時到公司附近的咖啡店先自我學習後再進公司，或是提早半小時到，在公司附近的公園散步半個小時再進公司。

美妍說的就是那些人。如果是他們還說得過去，但像自己一樣，每天上班壓線打卡，六點一到就秒下班回家耍廢的人，竟然會過勞？她自己都覺得不像話。

我問美妍一個問題。

「妳知道最過勞的職業是什麼嗎？」

「這個嘛……服務業？」

---

❸意指「好好生活」，指的是有規律地做一些能讓自己有成就感的事，是美好人生的關鍵。

「不是，聽說是全職主婦。知道理由嗎？」

「真的？我知道媽媽們很辛苦，但是為什麼排名第一呢？」

大家知道理由嗎？如果你察覺到了，那真是了不起，因為你已經掌握了過勞的演算法。

原因是，全職主婦是「相較於勞動量，補償最少的族群」，也就是說，**過勞並不是單純以「有多努力」生活的方式決定**。

就像身體平衡如果崩潰了，即使沒有做過度的運動，膝關節也會受損，若心理平衡崩潰了，即使沒有過度的勞動，也會導致過勞，這種均衡就是指勞動量對比補償的均衡。也就是說，如果工作報酬得不到回報的狀態持續下去，光是日常生活就會慢慢感到疲憊，等到了臨界點的瞬間，過勞就出現了。這裡說的補償不只是金錢，還包括認同、肯定、工作的意義等心理、情緒上的補償。

✦為日常生活提供一點補償

從這個角度比較一下汝矣島的上班族和美妍吧。假設汝矣島上班族A的一天比別人多消耗百分之一百二十的能量，但是獲得了健康、有意義、活力、快速晉升等各種補償，總和超過百分之一百三十，那麼A的狀態可以維持很久。當然，這是在身體可以承受的工作量的大前提之下。

美妍每天消耗百分之六十左右的能量，所以生活當然看起來比A更懶惰、更悠閒。但是美妍因為「連一個月都不能休息」的家庭經濟狀況，畢業後就像被推著進入就業市場，在不是自己想要的工作崗位上，做著專業根本派不上用場的工作。

在老家，女性的工作機會太少，所以只能硬著頭皮來首爾。每個月要付房租、還學貸，還要幫忙償還父母的債務。美妍日常生活中所謂的補償，大概就是在外送平臺點一份辣炒年糕和痲辣鍋，以及和看心情撒嬌的寵物貓相處……就這樣。

我靜靜聽著她的故事，然後說：

「美妍，妳覺得這些加起來達到百分之幾的補償？」

「我的貓大概占了百分之四十左右，剩下的加起來總共也不會超過百分之五十五。」

那麼可以說美妍每天的生活有百分之五的能量是流失後回不來的。就這樣每天累積，最後超過了臨界點，所以才出現過勞的訊號。聽到這裡，美妍提問：「那我該怎麼生活？要更節省能量嗎？像節電模式？」

「這麼說也沒錯，不過比起減少消耗，不如**增加滿足自己的精神補償**方式才是根本的解決之道。也就是說，要尋找能夠填補每天補不回來的那百分之五缺口的事情，這樣才會平衡，或至少不會發展到更嚴重的情況。不需要是多麼了不起的事，只要找一個工作的意義，或是創造一個日常生活中的樂趣。一個星期空出一天，在那一天好好招待自己，這樣的方式也很好。」

我繼續補充說道：「真的不用想得太複雜，也不需要特別準備，從小事做起。例如，吃飯時用自己喜歡的碗，或是『每週二是健康飲食日』這樣的決心也很好。像我的話，在覺得很累的時候會想『算了，不管了！我最重要！』然後去附近的汗蒸幕好好泡個澡，暫時放下一切。**這些瑣碎的小事在某個瞬間會成為對自己的一種尊重。**」

各位覺得怎麼樣？在日常生活中為自己提供一些小小的補償吧！若你像美妍一樣過著失去平衡卻不自覺的日常，那麼好好想一想「招待」自己的意義是什麼，以及你想如何「招待」自己。**最有意義的心理補償不是別人的認可，而是源於對自己的認可和尊重。**

7. 心靈也需要洗滌

我真的很喜歡泡澡。在對美妍說到關於日常生活那百分之五的補償時提到了泡澡，不過事實上對我來說，泡澡的補償大過百分之五。

我最喜歡的瞬間，其實是泡澡完走出來的那一剎那，感覺身體變得非常輕、眼睛特別明亮，肩膀上原本沉重的壓力瞬間都不見了，好像又可以再撐一週。有時泡完澡喝著香蕉牛奶的時候會這麼想：「身體有各式各樣的護理方式，心靈應該也有吧？」

不知道這是什麼意思？想想看，「身體不舒服」這句話有很多層次的意思，因此照顧身體的方式也有很多種。例如，覺得疲累時可以去汗蒸幕，出個汗再回來；感覺更不舒服，就去藥局買藥吃；再嚴重的話就去診所看看，更嚴重當然就要去大醫院了。

但是「心情不好的時候」似乎沒有像汗蒸幕或藥局一樣，可以提供輕微護理的地方，除了去看身心科或尋求諮商，還想得到其他地方嗎？好像沒有吧？也就是說，與身體健康相比，心理健康治療的層次還不夠多樣化。

✦能夠讓心靈恢復健康的澡堂

有一天，出現了三個號稱可以洗滌心靈的洗滌師。

這是由全羅南道木浦市三名青年打造，一項名為「心靈澡堂」的計畫，策畫和執行的人稱為「洗滌師」，像搓澡一樣搓掉心靈的汙垢，洗「心」不洗「身」，很特別吧？

二〇一八年時，是我第一次見到他們的時候，當時他們並非幫助別人恢復，反而是需要恢復的人——他們是來參與我辦的集體諮詢的學員。當時我在全羅南道木浦市的「還不錯村」——是一個以「任何人都可以休息，也可以激發新想法」為目的建成的地方，當時在那裡規畫了為期六週的活動，共有二、三十名青年參與，一起構想未來的新生活。當時第一項活動就是由我主持的集體諮詢，談談為什麼想暫停六週的日常到這裡來、他們對什麼感到厭倦、想要得到什麼。

在活動的最後一天，我再次去找他們，並與之交談，聽取當中的變化。當時，在第一次諮詢中哭得特別厲害的幾名青年單獨來找我談話。

「在烈，我們來這裡接受諮詢、休息、腦力激盪，對心理健康產生了很大的興趣，於是我們討論出一項計畫，可以幫我們確認一下嗎？」

這就是心靈澡堂的開始。六週前還哭哭啼啼的三名青年竟然想出了能夠讓心靈恢復健康的澡堂計畫！我實在很好奇，於是延後一天回首爾，實際體驗了一下。他們把一幢老房子改造成澡堂的感覺，非常逼真！我懷著激動的心情入場。

一進去就笑噴了，扮演澡堂老闆娘的青年在入口處分發儲物櫃鑰匙，就像真的來到澡堂一樣。把東西放進儲物櫃後，就可以進入第一個浴池（事實上只是一個房間），裡面放了數十面鏡子；接著第二個浴池，牆上貼滿了字句，看起來是把一本散文集一頁一頁撕下來當作壁紙了；再下一個房間，裡面放著 iPad。

在第一個浴池內看著自己的臉畫自畫像；在第二個浴池裡，則是挑選一頁最符合心境的字句進行抄寫；在第三個浴池，是從 iPad 中儲存的無數聲音中，挑選一個最能夠放鬆的聲音，好好休息。

三個浴池都體驗過後走出來，澡堂老闆遞給我一瓶香蕉牛奶。我用吸管喝牛奶，真的有種剛泡過澡的清爽感覺。我問他們是如何想出這麼奇妙的點子。他們異口同聲地說：「我們收集了平時為了照顧自己的心而會做的事，然後一個一個放進房裡，就這樣編織和連結，最終有了心靈澡堂。」他們的創意實在令人深感驚訝。

讓我印象最深刻的是第二個浴池，密密麻麻貼滿文字壁紙的房間本身在視覺上就很吸引人，在眾多字句中，找尋最觸動我心的文字這點也讓我留下深刻的印象，如果我隔天再進入那個房間，或許會選擇其他句子。我衷心期盼他們的澡堂生意興隆，就這樣回到了首爾。

✦因應疫情而出現的心靈沐浴器

兩年後，我再次與創立心靈澡堂的那些青年們見面了。就像當年我去木浦幫助他們一樣，這回他們為了幫助我前來首爾。因為新冠肺炎疫情，民眾都不敢出門的二〇二〇年，我擔任首爾市心理健康博覽會的總策畫。原本只打算在新村街頭舉行的實體博覽會被迫改成在網路上舉辦，也就是說，人們只能在家上網參加。

當時想起了心靈澡堂。「如果民眾能在自己的房間裡，做那些當時我在木浦老屋小房間裡做的事，會怎麼樣呢？」於是我打了通電話。

「里奧、奇朗、燦燦，你們都還好嗎？我需要你們的創意。新冠病毒讓民眾只能待在家裡，但他們需要心靈澡堂。雖然不是所有人都鬱悶到得去看醫生，但大家顯然已經疲憊到需要來點不一樣的生活，於是我就想到你們的心靈澡堂……但現在不能群聚，有什麼可以替代的好方法呢？」

幾個星期後，他們提出了一個名為「心靈淋浴器」的計畫。因為人們無法出門到澡堂洗滌心靈，所以設計了在家就可以使用的心靈淋浴器，裡面包含了幾張節錄的文字、鉛筆以及畫自畫像用的鏡子，傳遞到三百多名居家隔離的民眾家中，讓無法出門的他們得以緩解緊繃的心，也傳遞了溫暖。

看到當年需要幫助的青年們現在反過來照顧他人，並擴及更多民眾，讓我確信當初成立「青春諮詢所」的想法沒有錯。**「平凡的我們只要下定決心，誰都可**

以成為照顧他人心靈的存在」。

看完這則故事，是不是也想去木浦的心靈澡堂看看呢？可惜，那三位青年現在已經回到各自的本業工作，心靈澡堂暫時關閉了，但請不要失望，我們仍然可以自製屬於自己的心靈淋浴器。

微儀式五：
一天一張，書寫我的心

我們不可能像心靈澡堂一樣，用一張張寫有字句的紙貼滿整個房間吧？但我們可以選擇自己喜歡的句子並好好抄寫它，每天一張，透過這個方式，可以藉此了解今天或最近自己的心情。可以參考以下順序進行。

一，先選好一本書。喜歡的詩集或格言名句集，一頁以內分量的短文均可。

二，每天隨機打開一頁，如果沒看到喜歡的句子，就蓋上再翻開。反覆幾次，直到發現喜歡的句子。

三，把喜歡的句子照抄在準備好的筆記本（紙）上。

四，寫好之後可以想一想，為什麼喜歡這句話。

比起Ａ４紙或像明信片那樣的小卡，我個人比較推薦寫在筆記本上。累積週、十天的量，就能看出自己的情感流向。如果每天反覆抄下差不多的短句，就會持續有類似的情感，如果每天都不一樣，就會感受情緒的上升和下降。

♫

在以上過程中，讓人感覺最茫然的通常會是第一步；該選擇哪本書呢？既然如此，今天就去書店看看吧！因為與在網路上訂購時相比，去實體書店可以接觸到更多的書。

想想看，書店也像是心靈澡堂，而且更寬敞。就讓自己浸淫在書中，仔細閱讀每一本書，說不定會遇到觸動你心的文章。

♪

沒有時間嗎？在書店沒有找到合適的書嗎？以下就介紹一下我在抄寫中用過的幾本書。

- 《安撫》，五隱著
- 《蝸牛再慢也不遲到》，靜木著
- 《小王子》，安東尼·聖修伯里著
- 《珍惜我的心》，金珍妮著
- 《名詩筆記》，金素月著
- 《原來的我就足夠了》，靜敏著
- 《整理心靈的詩》，柳時華著
- 《跟著寫文筆也會進步》，金善英著

微儀式六：

一天一頁，隨機閱讀

比抄寫更微小的方法，應該就是隨機閱讀。如果說書寫我的心是洗心，那麼隨機閱讀大概就是洗臉的程度吧？雖然與抄寫相比沒那麼深刻，但隨機閱讀更容易持續進行。

不過無論是哪一個，「把包含他人心意的文章傳達到我心裡」的概念是一樣的，方法也差不多。

一，先選好一本書。不管是散文隨筆或日常漫畫（以作家日常生活為素材的網路漫畫）等，每一頁都是獨立的，以簡短文句編輯而成的書。

二，每天隨機打開一頁，如果沒看到喜歡的句子，就再蓋上、翻開。反覆幾次，直到發現喜歡的句子。

三，小聲唸出內容會更好。

四，唸完之後不妨想一想，為什麼覺得這句話觸動自己的心。

做法差不多對吧？但是適合手寫的書和適合隨機閱讀的書不大一樣。

適合抄寫的書，最好是一行一行，以較短的文句構成，例如詩集，有較多隱喻，在抄寫的時候可以按照自己的感覺來解釋，有種滲透的感覺。

而適合隨機翻看的書，文章長度可以比較長一點，而表達方式最好是能直接觸動心。因為寫的時候需要時間，可以細細咀嚼，但是用眼睛看的時候，往往瞬間就過去了。因此以隨機閱讀來說，我喜歡像散文隨筆或日常漫畫等，以日常語言組成的作品。

我主要想推薦以下書籍：

- 《宣陵和貞陵》，全玉進著
- 《道德經》，老子著
- 《需要哲學的時間》，姜信柱著
- 《自行車旅行1，2》，金勳著
- 《100人生繪本》，海可．法樂著
- 《解放心靈》，郭正恩著

8. 醫師和患者合作的兩人三腳

「老實說，這裡的諮詢似乎比較有用。」

偶爾會聽到有人這樣說。那些人通常都曾去看過身心科或心理諮商中心，後來才來找我們。每當聽到那種話時，我都會斬釘截鐵地說：「我們只是站在朋友的角度傾聽您的心聲的人，而心理醫師是幫助治療的專家。當然，站在您的立場上，會覺得朋友比較自在吧？但是有些事只有醫師們能做，我們跟他們無法站在同一條線上比較。」

儘管如此，還是有人堅持說看醫生沒什麼用，其中代表性原因之一就是沒有正確認識「心理諮商師和醫師的差異」。我們一般去心理諮商中心尋求「諮商」，去看身心科也會說是「諮商」，因為混在一起使用，所以才會出現這樣的問題。

「交談不到十分鐘，而且他幾乎不看我，只是盯著螢幕。」

「我在說話時，他們似乎沒在聽，感覺只是開個處方箋就叫我回去。」

「我是因為心裡受傷才去的，結果反而受到了更多傷害。」

說到「諮商」，通常會有這樣的想像：專心地看著我、聽我說話，室內營造出一種溫暖舒適的氛圍。特別是隨著幾位精神醫學專業的醫師經常在媒體曝光，迅速成為「國民導師」，讓人對他們似乎抱有更大的期待，但大部分期待在初診時都會破滅。通常看到這樣的狀況我都會說：「要不要把身心科的『諮商』換成『診療』呢？」

我們去看內科、外科，通常是為了取得醫師的「處方」。過程中，醫師大多都在看電腦螢幕、記錄患者的病情，然後進行問診。關鍵就是這個。身心科的醫師是透過「問診」進行「診療」，開立適合的「處方」。這就是身心科專業醫生的作用。

當然，也有依照醫師的風格，提供安慰、共鳴和更多傾聽，但這並不是必要的，因為他們還得承擔醫院的盈收，對於每天要看平均超過六十名患者的大型醫院來說，更加不容易。

那麼我想透過這節內容說什麼呢？是不是要說身心科專業醫師太辛苦、太累了，希望大家體諒他們？

不是的，只是想稍微換個角度思考。

✦ 試著說出自己的細微變化

人們會在把精神醫學專業醫生當作「救世主」，或是「走投無路」時才會去找他們。前者是希望我不需要多說什麼，醫師就像會讀心術一樣全盤了解；後者則是有種「沒想到我竟然會來到這種地方」的「自憐」的心理，覺得看身心科有種羞恥的感覺。

但是這兩種想法對恢復心靈健康來說，都沒有好處。他們既不是救世主，也不是象徵你人生走投無路的存在。他們就是醫師，與內科醫師、牙醫、小兒科醫師一樣。

好，來思考一下吧。為了得到醫師的最佳診療和處方，患者的角色也很重要。就用內科來比喻，這裡有四個病人，症狀類似，但表達方式不同。

「我肚子痛。」

「我覺得肚子有點痛。」

「我覺得肚子有點痛，上腹部的地方最痛。」

「我覺得肚子有點痛，上腹部的地方最痛，不過吃完飯後症狀好像減輕了一點。」

第四位患者的症狀最容易掌握，當然，心情也一樣，**如果越能清楚說明自己的狀態，那麼醫師也就能越清楚如何掌握問題，給予最佳處方**。

我常把身心科醫師和患者的關係比喻成兩人三腳，心理諮商師和患者也一樣。與其說他們是讓我們「完全恢復」的絕對解決者，不如說是一起合作，配合著彼此步伐跑步的夥伴。因此，需要嘗試找出配合的方式。而配合的第一步就是這個問題：「這段時間感覺怎麼樣？」這是進入診療室或諮商室時，醫師會問的第一個問題，也可以當作是今天一起參加兩人三腳比賽的出發信號。聽到這個信號，不要只是說「都一樣」，而是要試著讓自己說出細微的變化，也就是能夠自己認知「我的狀態變化」。那麼到達終點的時間，或許可以再提前一點。

微儀式七：
日常的檢查表——心情天氣

如前所述，去諮商或身心科就診時，最先聽到的問題是「最近怎麼樣？」雖然每個人的診療週期不一樣，短則一週、長則一個月，但不管怎樣，這個問題都很難輕易回答。

每天的症狀都留在記憶中，要綜合起來描述也不是一件容易的事。因此，我們最常犯的錯誤就是將「就診日」的感情和狀態一般化。

也就是說，在過去的一週裡，或許心理狀態微微好轉，但在就診當天狀態稍微低落一點，可是我們不會向醫師提及過去一週的微弱好轉，反而會說「沒有什麼差異」，也就是只意識到當天略微低落的狀態，而誤以為與「上次就診日」是一樣的；相反的，即使逐漸消沉，如果當天心情稍微好一點，也有可能不會察覺到。

這種時候，記錄我們心靈天氣的微儀式本身就有治癒的力量，且具有展現我的心情傾向的走向。方法很簡單，不到一分鐘就可以完成。

一，在日記本、筆電或智慧型手機等慣用的工具中製作以下表格。

二，每晚回顧這一天，分別填寫天氣和溫度。

三，天氣以當天發生的事為中心，用文字描述（晴、多雲時晴等）。

四，溫度以當天的感受為主，以數字呈現（如13°、-6°）。

很簡單吧？每天持續填寫，就能發現各種心情傾向，有助於我們了解自己的狀態。舉個例子來說，即使天氣一直都是晴天或陰天，沒有太大的事件發生，溫度也會有波動。這種情況

	月　日	月　日	月　日	月　日	月　日	月　日	月　日
天氣							
溫度							

不是因為現在發生的事件，而是可以察覺到過去的事件或對未來的不安導致的情緒波動。

相反的，在天氣非常惡劣的狀態下，情緒波動是理所當然的現象。由此可見，現在所經歷的事件正在影響自己。這種時候，比起透過靜心、微儀式等來調整心態，不如以行動解決或結束當前面臨的情況會有更大的幫助。

憑著這樣意識到自己的狀況和情緒的關聯，就能更加明確地找到恢復的動力。另外，就算未尋求諮商的人，也可以積極利用這種方式進行自我省察。

♪

以下就來記錄一下大家的心靈天氣吧。我準備了一個月的表格。

● **第一週**

	月　日	月　日	月　日	月　日	月　日	月　日	月　日
天氣							
溫度							

● **第二週**

	月　日	月　日	月　日	月　日	月　日	月　日	月　日
天氣							
溫度							

● **第三週**

	月　日	月　日	月　日	月　日	月　日	月　日	月　日
天氣							
溫度							

● **第四週**

	月　日	月　日	月　日	月　日	月　日	月　日	月　日
天氣							
溫度							

9. 一小時vs.一百六十七小時

與前述的事例相反，不少人選擇完全依靠諮商師或醫師，亨俊就是其中之一，五年來他一直持續接受諮商，非常依賴心理諮商師。

他的心理諮商師出版了很多著作，偶爾也會上電視節目擔任來賓，是一位小有知名度的諮商師。有時上班族亨俊還會特地請假去聽他演講。

「當時諮商師有什麼反應呢？」

「有時候很高興，有時候也會說『內容應該都知道了，怎麼還大老遠跑來聽呢？』」

「你怎麼會像個忠實粉絲一樣追著諮商師跑？」

「因為他是唯一理解我的人。」

這種情況比想像中還要多。不是諮商者與被諮商者的關係，而是做為「唯一理解我內心的人」，而非常珍惜，所以希望自己也能成為對方重要的人。

人際關係的範圍越窄，這種傾向就越強。亨俊的朋友們一個個結婚、生了孩子，與他的生活圈漸行漸遠，導致這種傾向更加嚴重。我問他：

「亨俊，你知道一週有幾個小時嗎？」

「一天二十四小時再乘以七天，一百六十八小時。」

「是的。其中與諮商師見面的時間只有一個小時，其他一百六十七小時是沒有諮商師的生活。但在這麼長的時間裡，你是不是一直期待著與諮商師見面的那一個小時呢？」

亨俊聽了這番話，露出微妙的表情，看起來有點不自在，又好像同意我的話。

「可是，除了諮商師和在烈老師之外，我周圍沒有其他可以交流的人啊。」亨俊說。

「我也曾經那樣想過，所以知道這是什麼樣的心情。懷疑自己很討人厭，為什麼我的心理諮商師都不肯透露他的個人聯絡方式？我也曾經流著眼淚，抓住諮商師的衣袖，懇求他告訴我電話號碼。」

「在烈老師？你是說你嗎？太意外了，你周圍總是圍繞著很多很好的人啊。」

「那是現在，真的非常值得感謝，但確實有幾年我是那樣過的。」

「那是如何變成現在這樣的？」

亨俊瞪著大大的眼睛，我拿起手機給他看。

「想到就馬上傳訊息。就是這個。」

✦ 只要想起誰，就立刻傳訊息給他吧！

我簡稱為「想立傳」。顧名思義，**只要腦海中浮現出某個人，就立即傳送訊息**。就算沒什麼事情，也可以非常坦率地說：「因為想起了你，所以就傳訊息。」

開始這麼做是在二〇一八年，當時常常想著「沒有一個可以說話的人」，下班回到家後，總覺得只有我的手機安安靜靜。白天談論工作的人很多，但到了晚上，聊心事的朋友卻寥寥無幾。當時我三十四歲，身邊的朋友一個接一個結婚，漸漸少了聯繫。因為覺得沒有可以說話的人，所以把注意力都放在戀人身上，等待對方聯繫的日子也漸漸變長了。

有一天，我坐在圖書館前的長椅上發呆，喝著豆奶，想起了之前在找工作時的朋友英仁。當時我們都在找工作，常相約在圖書館學習、準備資料。已有三年多沒聯絡了。

各位偶爾也會突然想起某人吧？通常只會想著「他應該過得很好吧」，或是頂多找到對方的社群網站、看看近況。我也曾經那樣。

但是那天不知道是怎麼了，我立刻傳了個訊息給他。

「過得還好嗎？我在圖書館，突然就想起了你。」

結果那天，我們兩個人聊了兩個半小時。後來又有半年左右沒有再聯繫，但在那兩個小時裡，我和英仁對彼此都深深共鳴、互相安慰。一旦重新搭上線，經過半年後再聯繫，感覺就像昨天才見過面一樣，很自然地就天南地北地聊了起來。

從那次以後，只要想起誰，我就立刻傳訊息。

「老師，您過得好嗎？晾衣服晾到一半突然想起您。」

「學長，最近好嗎？真不知道為什麼今天格外想念學長。」

「大哥，你在做什麼？看書時突然想起這是以前你送我的禮物。所以跟你聯繫。」

不管多少年沒聯繫，他們都對我「突然想起來」的坦率表達感到非常高興。有沒有其他類似「突然想起你而跟你聯繫」這樣讓人開心的話呢？就這樣率先表達心意，我的日常生活開始逐漸發生了變化。我一直以為自己是孤獨的一口井，但隨著逐漸打開通往他人的渠道，心裡也有了這樣的想法：「是啊，仔細想想，不管是身心科或心理諮商中心，都是我主動去的，去了之後對方都會認真聽我說話。同樣的，如果我主動去找別人，別人也會歡迎我。所以為什麼非得等朋友『先』跟我聯繫呢？只要鼓起勇氣去找他們就行了。」

看到這裡，腦海中有沒有想起什麼人？不要猶豫，馬上聯繫吧，就是現在！

微儀式八：讓好人重新回到我身邊——「想立傳」

有一天晚上夢到至少十年前在同一個社團的學姊，夢中她穿著有亮片的華麗服裝，看著我說我做得很好，然後給我一個大擁抱。我們在網路社群上沒有任何交集，所以大學畢業後就失去聯繫，突然想起她，我馬上找出她的聯絡方式，傳訊息過去：「學姊，最近好嗎？沒什麼事，只是突然夢見妳，想問問妳的近況。」

聯繫上之後真是太驚訝了，這十年來她成了飛行員，走遍世界各地，為了夢想成為飛行員的青少年們，還寫書分享經驗。我們約好過一陣子見個面，時隔十年，應該都有很多想要分享的心情吧？

♫

想起過去的緣分、以為只是模糊記憶中的任何人其實很好，因為他們是曾經與我一起度過某一瞬間的存在，直到我離開人世為止，這緣分的火種可能不會熄滅。哪怕只有一點點火星，還是有燃起的機會，只要助燃就行了。

一天一個人，如果每天做很困難，那就訂好某一天，一週一次也可以，靜靜地想想有沒有哪個人浮現在腦中，然後聯絡對方。如果覺得有困難，那麼在想起某人的瞬間，就不要猶豫，立刻傳訊息。

根據現在的情況和條件，彼此應該不會像以前那樣可以常常在一起，但是，就像在宇宙中週期性會在彼此的軌道短暫接軌的行星一樣，雖然不緊密，但肯定會重新生成另一種新的連結。

各位可以好好想想生命中出現的各個人，然後每週一次，或者每當想念誰的時候，打開這一頁，實踐「想立傳」吧！你會感受到在生活中，有很多人一直在一起，現在也在一起。

在我的人生中曾停留在記憶裡的名字和想要傳達的訊息

第二章

精神平衡

抓住重心，不再被不安左右

1. 不安再次導致過勞

第二次經歷過勞是在三十四歲的冬天，我結束一場演講後，乘坐高鐵的瞬間感受到的。

「大事不妙，過勞感又來了。」

是因為第一次的經驗太嚴重了嗎？第二次來臨時，我很快就察覺到了，也讓我得以回顧自己，「老實說，也差不多耗盡了。」那是被突如其來的海浪捲走的五年。

✦突如其來的新身分

成立「青春諮詢室的姊姊們」後，不到兩年的時間，我突然變成了「電視名人」、三本書都進入排行榜的「暢銷作家」，不知不覺成了「演說家」。我有了自己主持的廣播、電視節目，但這一切並不是我一開始就想要的生活。問我為什麼活得那麼認真？老實說，都是為了生計，所以選擇了這樣的生活方式，關於受到極大的關注這件事，我是心存感謝的。

就像之前說的，「青春諮詢室的姊姊們」提供免費諮詢，所以全體成員都是志願者。除了我這個代表，其他成員都有各自原本的工作。大家經常利用下班時間傾聽別人的煩惱，而我沒有上下班的問題，因為當時已辭職，成了無業遊民。雖然有了NGO的代表頭銜，收入卻是零。

儘管如此，我仍堅決相信這只是出於好意進行的志願服務，不應該收費。抱著重新找工作的心態一直投履歷，但現實並不樂觀，寄出去的履歷一直石沉大海。首爾大學的光環不再，我只是第一份工作做不到一年就辭職的待業求職者。

在積蓄快用完的時候，出版社寄信過來，表示想把我在部落格上的文章集結成書出版。當時我根本沒想過要成為作家，出版社表示若正式簽約就會先預付一筆錢，大概七萬元左右——對我來說，這是一筆非常高的收入。出版社還說，如果覺得有負擔，可以用筆名。

其實我也不知為什麼，第一本著作出版後竟然進入暢銷書排行榜。接著電視和廣播開始聯繫我，邀請我上節目受訪，還給我兩千多塊的通告費。對當時的我來說，也是一筆不小的收入，我無法拒絕。漸漸的，人們開始關注由我擔任代表的團體：「免費聽取別人的煩惱？為什麼？」

沒過多久，我又受邀去演講並開始接受採訪，我的臉出現在入口網站的首頁上。當時正掀起「辭職」熱潮，我的故事正是媒體非常想報導的素材：首爾大學出身、在大企業工作的青年在罹患精神疾病後辭職，成立了進行社會服務的NGO團體幫助其他人，幾乎所有電視臺、報社都在報導。

✦再度面臨過勞

就這樣，我突然變成一個大忙人，身邊也開始聚集了名人。在電視臺曾見過一次面，因此關係變得不錯的藝人、透過書的交流，變得比較親近的知名暢銷書作家、YouTuber、KOL……這些人開始進入我的人生。大部分的人都說我做了好事所以很喜歡我，因此很快就變得親近，並且真心關心我。

「在烈，你的錢從哪裡來？」

「做善事固然好，但你也得好好生活才能繼續幫助別人啊。」

話說得沒錯，如果沒有穩定的經濟來源做為後盾，這項服務能做到什麼時候？怎樣才能賺到更多錢呢？我只想到一個辦法，就是「變得更出名」，因為我已經進入「名人」的領域，我認為只有克服還不算太高的知名度才是正解。只有這樣，我的生活才能安定下來，生活安定了，才能繼續做想做的事。所以對於所有邀請，我一概來者不拒，不管哪裡找我，都一定會去。幾年前經歷的過勞，全都忘得一乾二淨。

特別是電視節目，真的是我想都沒有想過的歷程。我擔任有線電視臺談話性節目的主持人；和著名藝人一起在公共電視臺共同主持節目。我的角色超越了「節目來賓」，進入「電視人」的領域，還負責諮詢的環節，提供解決方案。媒體們介紹我是「小吳恩英」❶博士。

但過沒幾年，我就感覺自己已經到極限了。不知從什麼時候開始，我發現自己在節目上會一直重複同樣的話。頓時感覺到「我只能這樣了。」「我只是個三十出頭的年輕人，學的東西不多，經驗也不足，能分享的知識很快就用完了。」一言以蔽之，當時的我在過度包裝的情況下，只求不讓別人失望，但實際上，我的內在很空虛，只能用努力來彌補不足的實力。我比別人多用兩、三倍的時間背節目腳本、在沒有NG的情況下結束拍攝、總是提早半個小時到現場，大家都稱讚我是「很實在的人」。但在這個過程中，我再度走向過勞。

✦「沒關係，你可以暫停。」

當我察覺到自己又面臨過勞，決心一定要想出解決辦法。當時想到的方案只

❶韓國知名精神健康專家、兒童教育權威，被稱為韓國的「國民育兒導師」「家庭心理導師」。

有「停止」。在第一次過勞時，我透過寫作和散步恢復健康，但在當時我認為那些只是額外的方法，其實核心方案是「辭職」。所以第二次面臨過勞時，我也覺得應該停下腳步，但是恐懼馬上襲來。

「如果我休息完回來，沒有人需要我了該怎麼辦？」

老實說這種事很常見。自由工作者不能拒絕工作，必須無條件接受才會有下一次。如果拒絕一、兩次，就會有「那位作家太忙了」這類的傳聞開始流傳，很快的，工作就沒了。我看過月收入近五十萬元的人，後來連五萬元都賺不到的情況。因為很怕自己會變成那樣，雖然很辛苦，還是堅持了下來。

直到感覺真的喘不過氣的瞬間，我去拜訪周圍五十多歲的自由工作者前輩。因為他們人生歷練豐富，感覺應該會比較有智慧。我聽到很多故事，印象最深的是珍雅的話。身為自由工作者已二十多年的她，仍舊帶給我一種親切的感覺。

「等你充分休息後再回來，確實有一部分人會忘記你，但是等你的人會比你想像的多更多。確認『比想像中更多人等我回來』這件事，會成為生活中很大的力量。所以在烈，沒關係，你可以暫停。」

瞬時，眼淚撲簌簌地流下，雖然還是很不安，但我還是決定相信那段話。不久後，我回到父母居住的老家。

2. 花開自有時

二〇一九年，我放下一切回到老家，感覺像是人生的第二次辭職。吃著媽媽煮的飯，花最低限度的生活費，開始毫無顧忌地休息。首爾的朋友或熟人詢問近況，我都會說「就這樣啊」——真的，我就這樣活著。

大概有三個月的時間，除了吃，我幾乎都是躺在床上滑手機，然後睡覺，感覺身心更加平靜。於是從第四個月開始，我安排了一下生活。

十點起床吃早餐，十一點就到後山走走，十二點下山吃午飯。晚上六點打開電視看想看的節目，然後在節目播放結束後就去睡覺。

沒什麼特別的吧？但我還是努力有規律地做那些微不足道的事，至少按時起床、睡覺、吃飯。

當時我唯一的戶外活動就是爬山。爬山時會遇到很多村子裡的老人。

「那個不是誰誰誰家的兒子？怎麼回來了？」

「工作不順利嗎？不是有上電視，怎麼……」

聽到各種唧唧喳喳的聲音，所以我總是戴著耳機，把視線固定在樹、草、花上。每天爬山才發現許多從沒注意的事，例如十一月末也有花開，甚至還很多，無論是十二月還是一月，在寒冷的季節裡，我都看到了盛開的花。像婆婆媽媽一樣驚呼：「天啊，這花真漂亮！」一邊拍照，瞬間有了這樣的想法：「花開的時間比想像中要多得多啊。如果說人生也像四季，那麼以我現在的年齡大概還在夏天吧？」

或許我現在還不是盛開的時候，要等到秋冬才會開吧？是不是因為太著急，澆了太多水、曬了過多的太陽，反而開不出花？這樣會不會出問題？

仔細想想，如果我是秋天才要綻放的大波斯菊種子，卻在春天就想盛開，而過度曬太陽、強行灌入過多的水，那麼我會在春天開花嗎？不，這樣反而會讓花兒枯萎。我想這就是自己現在的情況。

為什麼一直無法拒絕工作呢？我承認是因為不安。雖然情況比之前好很多，但我仍然用以前大學聯考、畢業求職時期的想法來看現在的自己：「我想比別人更成功，想爬到更高的臺階上，如果做不到，我就是失敗者……」這種強迫心理並沒有完全消失。但是我從中也領悟到，**在沒有做好準備的情況下，一味地貪心只會很快暴露出自己的局限性**。於是我決定了：「回去吧，現在的我只需要做能力範圍內可以完成的事就好，做不到的事就說做不到。」

✦最低限度的自救能力

就這樣，我回到了首爾。真的像前輩們說的一樣，有些人離開了我，但也有人留下。節目找了其他人去錄影，部落格點閱率和按讚數也明顯減少，但我反而可以做更多事。因為決定慢慢來，所以可以「拒絕」，我自己立了三個標準：

第一，要做好自己能力所及的事。

第二，即使有點吃力，只要是能幫助自己成長的事，就一定要做。

第三，幫助真正需要我幫助的人。

於是該做什麼和不該做什麼都變得明確，然後我明白了，即使休息回來，職涯也不會完全毀滅。但與此同時，我也產生了這樣的想法：「雖然失去的沒有想像中那麼多，但肯定還是有失去，所以不能因為一碰到過勞就選擇停下來，難道沒有其他應對方法嗎？」

聽到我的苦惱，一位朋友問了這樣的問題。

「你覺得你是因為停止工作才恢復的嗎？」

「不然呢？」

「第一次辭職的時候，還有這次的休息……不覺得比起垂頭喪氣，你都是在下定決心要有規律地做點什麼的時候，才開始恢復的嗎？開始寫部落格、開始爬山。就是從那時候，你的聲音就開始變得有精神了。」

仔細回想，似乎真的是那樣。

單純的「不工作」並不是正確答案。離開工作、回到家鄉一直睡覺的時期，感覺其實變得更糟。帶著某種規律性，無論多瑣碎的小事，只要堅持做下去，就能重新恢復能量。而且第一次知道這種「瑣碎但堅持不懈地為了內在的我而形成的習慣」，就稱為「微儀式」。

「或許在日常生活中開始製造一些微儀式，就可以不停歇地恢復。」因為這個小小的想法，我開始研究微儀式。就像為了應對隨時可能會發生的地震，以抗震設計建造房子一樣，為了應對隨時可能再次出現的過勞症狀，我決定在每天的日常中抓住小而堅韌的心靈重心，並決定與人分享這個方法。所以我暫停諮詢，利用集體研討會來傳達這套方法。不是所有人都能（因時間或經濟問題）接受諮詢，所以我覺得有必要讓每個人都具備「最低限度的自救能力」。過了一段時間之後，驗證了我的想法沒有錯。

就在此時，就算想諮詢也辦不到的狀況來了：新冠肺炎開始蔓延。

3. 非「暫時性恢復」，而是「經常性恢復」

自從新冠肺炎疫情開始以來，出現了從未經歷過的景象：人們無法自由自在地外出，各種心理諮詢的請求如潮水般湧來。許多人感到無力、憂鬱甚至憤怒，與一年前完全無法相比。每天都在想「在這種混亂的狀況下，我能做些什麼呢？」剛從第二次過勞恢復後回到首爾時，想起了我列的「選擇工作的三個標準」中的第三項：「幫助真正需要我幫助的人」。

我很快就發現了需要幫助的對象：電話諮詢人員。他們的通話量比疫情之前多了好幾倍，再加上聽到更多粗暴的惡言惡語，讓他們的能量迅速消耗殆盡。包括原本的電話服務人員，連專業諮商師、社福人員等，也必須加入電話諮詢服務，因為諮詢對象越來越多，於是我開始為那些工作人員舉辦小型的活動。

在活動中，我見到了很多人，其中印象最深刻的是靜恩。她在休息時間來講師休息室找我：「很抱歉，在休息時間來找您……」我直覺想：「她必然有故事想說！」於是多管閒事的我開始聽她的故事。

✦無法拒絕他人的軟柿子

在公家單位服務的靜恩既不能拒絕別人，更不能說難聽的話。她自嘲是顆「軟柿子」。

「因為新冠肺炎疫情，最近緊急的情況很多，因為我被借調到二十四小時電話諮詢中心的日子變多了。像我們這種普通內勤人員，通常都是當天才會被通知需要支援，而且幾乎每次都是派我去。」

靜恩時常被迫留下來加班。

下班前三個小時，部長說：「今天其實不用輪到我們，但另外一組的人全都被叫去找主管，所以我們得支援一下，有沒有人可以去呢？」大家都成了啞巴，並努力不要和部長的眼神有所接觸。這一去就要值班到午夜，而且這天是星期五下班前三個小時，誰會挺身而出呢？寂靜了十多秒，部長又開口了。

「靜恩，妳可以嗎？」

結果那天靜恩取消了和男朋友的約會。男友氣憤地說：「這已經是第幾次了？」看著終於爆發的男朋友、即使自己有事也不敢推辭工作的自己，還有在眾多組員中偏偏只點名自己的部長，靜恩只覺得一切都很糟糕。

本來就無法拒絕他人，而習慣把工作攬在身上的靜恩，面對新冠肺炎疫情帶來的緊急狀況，她完全精疲力竭，第一次有了辭職的想法。

「可是妳有勇氣提離職嗎？如果主管拜託妳留下來，妳會不會又無法拒絕？」

「我也不知道。先試試看吧。」

後來再碰到靜恩的時候，是在那個公家機關舉辦的研討會上——所以結論就是她沒離職。研討會結束後我們相約喝咖啡。我問她是怎麼回事，她說自己確實提出辭呈了，結果主管表示可以讓她休長假，休息過後再回來上班。不出所料，靜恩無法拒絕，還是留了下來。但至少她休息了三個月，我問她：

「休息過後好多了嗎？那段期間怎麼度過的？」

「我去了一趟越南。」

「喔，很好啊。現在應該恢復了吧，怎麼樣？」

「原以為好多了，但復職一個月後，感覺又回到之前的狀態。」

「這樣啊，休息三個月恢復的能量在復職一個月後就被耗盡了，是嗎？」

「我也不知道。在越南的時候真的覺得好很多了……」

✦經常性的恢復

各位也有過像靜恩一樣的經歷嗎？因為太累了，休了個長假，但回到工作崗位後，感覺白白浪費了之前的假期；或者辭職後，在長途旅行期間感覺到了某種變化，但是一旦到了新的工作崗位後，之前的領悟和變化逐漸淡去，很快再次感到疲憊。每當這種時候我們都會想：「我想再次出發！」旅行是一種很好的恢復方式，但並不適合做為恢復的唯一手段，因為旅行是「有條件的恢復」，什麼叫有條件的恢復？這意味著只有某種條件成立時，才能使用的恢復手段。

旅行，只有在「有錢」和「有時間」兩個條件成立時才能進行。類似的情況還有純飯店度假或探訪美食店，這些都是「消費」，所以需要金錢和時間。另外和朋友聊天也是有條件的恢復。雖然不花錢，但必須具備「有可以對話的對象」這項條件。在無法打電話給任何人的深夜，或是一個人被調到外地，人生地不熟時，就沒有辦法完成。

如果習慣用某些方法恢復，那麼當條件不成立時，我們可能會不知道該用什麼方式來緩解壓力、恢復能量。

另外有一種「經常性的恢復」，是不管有沒有錢、時間多少都可以執行。了解這一點，我們隨時可以在壓力下使用適合的方法，可以選擇的選項變多的話會更好吧？在靜恩的故事繼續之前，先來看一下大家的恢復方式吧！

微儀式九：我的恢復方式是哪種？

大家想要緩解壓力、恢復能量的時候，都做些什麼呢？想到什麼就寫什麼吧。

好，寫完之後，我們來分析一下這些是有條件的恢復方式，還是經常性的恢復方式，並進行分類。

有條件的恢復／休息		經常性的恢復／休息
哪些事？	需要什麼條件？	哪些事？

4. 迴避、投入、直球對決

靜恩曾嘗試觀察自己的休息方式。她的休息方式主要是旅行、和男朋友約會、看 Netflix 等有條件的恢復方式，需要錢（旅行）、人（男朋友）、充分的時間（追劇）。

還有一個特點就是選擇了「迴避」。當然這也不全然是不好的方式，因為應對壓力的方法有很多種，所以當我們能夠了解各種方法，就能更加靈活地應對問題。

有什麼方式呢？大致可以分成三種：**迴避**、**投入**、**直球對決**。

第一個「迴避」，主要是睡覺，這是類似旅行、擺脫現狀的方式。一種把什麼都「off」的選擇。

第二個是「投入」，是指陷入其他事物來轉移注意力，例如和朋友喝酒聊個痛快，或者努力當個粉絲（沉迷於自己喜歡的領域或人物，帶著關心和熱情投入行動）、一口氣把整套電視劇看完，藉此忘記一切。這種投入與迴避不同，是集中於某件事來忘記原本的事，但不是正視問題，某部分來看也是一種迴避。

第三個「直球對決」，這個範圍很廣，從「不迴避問題」到「積極解決問題」，都包括在內，不過一般人會想到是後者，即以強烈的態度對抗，可是很多人會因為沒有自信而放棄。其實光是努力不迴避或投入，就可以視為直球對決了。當然，循序漸進地培養心靈的肌肉，想辦法解決問題才是最理想的。

為什麼感覺只有強勢的人才做得到？不，解決問題的能力不在強大的戰力，而是**細緻的自我分析**。

我舉個例子，我去的健身房專接一對一的私人教練課程。那裡的空間不大，來健身的人也不會太多，自然有很多時間和教練對話。健身房館長給人的第一印象就是非常強悍，當然，肌肉也很發達，不過我覺得他的意志力看起來更強。他非常守時，而且一定會說到做到……看起來和我是截然不同的人。

然而有一天，館長突然問我：

「我看您寫了很多關於過勞和如何恢復的文章，大部分都是怎樣的故事呢？」

「嗯，什麼都有，最近還寫了篇〈休假不是答案〉的文章。怎麼了嗎？」

「那個……其實我也有過一次很嚴重的過勞。」

「嗯？館長嗎?!」

我真的很意外，因為感覺他是不會累的人。但聽過他的故事後才發現，館長經歷過勞的理由及解決方法非常適合用「直球對決」。

先問一個問題：館長為什麼會過勞？

有兩個提示。第一，他是個內向的人，平常不愛與人閒聊；第二，我們健身房都是私人教練，所以空間不大。

答案出來了嗎？會很難猜嗎？那我再多說一點。

館長一開始也不知道原因，莫名地覺得精疲力盡，也不知道是不是太累的關係，然後每天開始觀察自己。起初，他為了在不太寬敞的空間裡盡可能多放一些運動器材，將其他空間最小化，連教練的休息空間都沒有。

從上班到下班，整整十二個小時他都在這裡，會員來來去去，只要有人跟他打招呼或搭話，他都會應答。

大約三個月後，他才意識到過勞的情況。對於獨自待著就能自我充電的人來說，這樣的空間布置會成為很大的壓力因素。所以哪怕空間再小，也要區隔出個教練休息室。後來他很快就擺脫了過勞狀態。

分析自己的個性和問題的這個過程，本身就是很好的「直球對決」。**「我為什麼會這麼累？」「我想避開什麼情況？」「需要什麼樣的變化？」必須問自己這些問題。**

我跟靜恩分享這則故事，並建議她練習面對問題。她雖然同意，但還是擔心。

「我知道自己應該可以拒絕別人的請求，但好像不是馬上就可以做到。」

「沒錯。我會為妳準備長期性的微儀式，請不要擔心。妳可以先從支援電話諮詢中心而感到疲累的每一天開始，找到能照顧心情的微儀式。一定可以恢復的。」

✦練習對自己親切一點

幾天後，靜恩把她寫下的內容拿來給我：「這樣可以嗎？這些都是我喜歡做的事。」

她想到以下這些：

- 一天讀一頁《默想集》。
- 睡前塗護唇膏。
- 敷面膜。
- 看 YouTube 的營火影片。

「很好啊，那接下來就試著規律地做這些事。每天晚上睡前為自己花十分鐘左右的時間進行，妳覺得可以做到嗎？」

「十分鐘敷面膜有點困難，我應該不會每天都敷面膜。不過其他事情好像都可以。」

「那麼，就訂好順序，打造成屬於妳的微儀式吧。」

就這樣，靜恩決定先塗抹護唇膏，讀完一頁《默想集》，再盯著營火燃燒的影片直到睡意襲來。決定好順序之後，靜恩還是以好奇的眼神看著我，想知道這樣做到底有沒有幫助。我說：「靜恩，妳知道那些無法拒絕的人有什麼共同點嗎？**他們都對別人很親切，對自己最不親切**。為了他人的自在，總是強迫自己面對那些不自在。整天把自己放在最後的人，是不是需要練習把自己放在第一位呢？即使一天只有十分鐘也好，有了比別人更重視自己的時間，一切才會變好，有一天一定可以拒絕別人。」

最後，我還給她一則建議。

「再推薦妳一個微儀式叫『自尊黑板』，練習對自己親切，同時也是珍惜自己、成為一面『我不能隨便對待自己』的鏡子。答應我，一定要堅持做一百天。到最後一天，妳就先拒絕一個人的請求，多多練習就會進步。」

就這樣，和靜恩的最後一次會面結束了。偶爾會想起她，不知道她現在過得怎麼樣。過了兩年左右，有次去了某企業研討會，沒想到活動負責人就是靜恩。她笑著對我說，她成為ＨＲ部門內部教育的負責人，我問了她的近況。

「其實沒有完全改變，但是十次請求中我大概會拒絕兩次，這種程度應該可以吧？」

「啊，真的嗎？那麼下次我們辦集體諮詢時，就可以請妳當客座講師，分享一下經驗囉！」

靜恩笑著對我說：「我拒絕！你不是要我練習拒絕嗎？現在就是。」

微儀式十：
檢查自我意識狀態

我向靜恩提到的「自尊黑板」，是調節自我意識狀態不均的方法之一。自我意識狀態是指**對自己的各個方面有些認知，並客觀地看待自己**。這也是在史丹佛大學經營系的實驗中，向大學諮詢委員詢問「引領你的生活最重要的力量是什麼」時，受訪者普遍認為最重要的力量。

自我意識狀態若不均衡，就代表對自己只知道過多的缺點或優點。東亞國家的人大多屬於前者，在分享個人優點和缺點時，比較容易想起缺點。靜恩是屬於比較過度的類型，如果這一點太突出，就會出現無意識降低自己的價值、在團體內過度犧牲自己的情況。

我們在成長過程中不時會被人指正，而且會記住這些「需要改正的地方」，相反的，比起缺點，我們常常記不起優點。原因有很多，其中一個就是習慣說「沒有啦」。對於別人的稱讚不習慣用「謝謝」回應，而是無意識地表現出謙虛的態度，換句話說，長時間記住需要修改的地方，卻忽略稱讚，也會導致自我意識不均衡。

那麼，各位也試著寫一下吧，各列出十項優點和缺點，並確認一下自己花了多久時間。

我覺得自豪／了不起的事	我想改正／不足的事

寫完上述事情所花費的時間	

微儀式十一：

拯救我的自尊黑板

自尊黑板是指真正的黑板，我買了一塊七百多元的黑板，並放在客廳最顯眼的位置。

每天晚上睡覺前，我都會唸一遍黑板上的字句，從頭到尾唸兩次，大概需要兩分鐘。上面寫什麼？

稱讚。

製作自尊黑板很簡單，找一塊小黑板也行，如果是與家人一起生活，覺得空間不適合，用筆記本或手機代替也很好。只是，一定要放在每天都會看到的醒目位置。有些人會使用筆電桌面上的標籤功能，上班就可以馬上看到。

決定好工具，就可以開始進入收集內容階段。仔細回顧過去的歲月，無論大小，只要想到會讓你露出微笑的稱讚就寫下來，瑣碎小事也好。

♪

我的黑板上寫著：「天啊，四十歲嗎？不好意思，我還以為您跟我同年呢！說話方式太隨便了。」是稱讚我很凍齡的意思，看了多開心啊！還有朋友的話：「明明隔了三年才見面，你怎麼就像昨天才見過一樣？」也是稱讚我一如往昔，沒有改變。

不需要什麼多了不起的稱讚，只要想到能為自己帶來愉快能量的稱讚，就寫下來吧！有時候我們也會稱讚鏡中的自己吧？這時也不要錯過，馬上更新黑板上的字句。收集時間短則兩週、長則三個月，大概就可以寫十句左右。

累積得差不多之後，就可以開始小聲地唸。不管是睡前還是上班前都行，要唸出聲音來才能引起共鳴，因為說出來會比只用眼睛看，更能刻印在記憶中。

說到這裡，那就來試一下吧。以下是我準備的自尊黑板。

自尊黑板

5. 對成為組長感到不安的人

你聽說過「組長恐懼症」嗎？這是表達上班族不想擔任管理職的心情，是一個新造詞。一般上班族隨著時間的推移，一旦年資夠了，通常就會自然而然地擔任組長一職。

但是經歷次級房屋借貸危機後，世界發生了變化：「不能」擔任組長的失業次長、部長增加。然而世界再次發生了變化，現在是「不想」擔任組長的人開始增加。

✦「最難的是1 ON 1。」

在某企業管理者研討會上見到的哲亨，正是一位經歷「組長恐懼症」的上班族。他是以公開招聘應徵方式進入公司，十多年來表現一直都相當優異，是同期進公司的人當中，最早成為組長的人。他在人際關係、業務成果都完美無缺，而且從未想過跳槽。然而在當上組長十個月後，第一次有了「離開」的想法。他從親切隨和，像「媽媽朋友的兒子」那樣的同事，變成了人人避之唯恐不及的組長。

「明明是認識很久的人，但當上組長之後，感覺就像是和陌生人打交道。為什麼變得那麼生疏？我們有那麼合不來嗎？」

哲亨成為帶領組員的角色，也發現完全不同的世界正在展開。為了團隊的成果，應該鼓勵組員，但是每位組員的需求和個性都不一樣，很難全都掌握。特別是哲亨當上組長的二〇二〇年，新冠肺炎疫情爆發，公司行號紛紛實行居家辦公，在無法見到組員的情況下，要發揮領導能力，對資深組長來說也不是件容易的事，對當上組長還不到一年的哲亨更是不知道該怎麼辦才好。

「最難的是 1 ON 1。」

✦寫出你的「存在介紹」

聽過 1 ON 1 嗎？其實就是一對一，是企業組織中，領導階層與成員一對一談話的時間，這在美國矽谷企業中是很常見的文化。不像東亞國家公司，喜歡透過所有人都出席的聚餐來凝聚共識，而是主管與個別成員一對一地交流，讓所有成員和主管有不同的「投契關係」（Rapport，表示相互信賴關係的心理學用語），也就是說，所有成員都跟著同一位主管，但每人的理由都不一樣，有人是「想學習業務能力」，有人覺得「主管人品很好」，也有人覺得「對我的『職涯規畫』有很好的建議」等。

像這樣由組長掌握各成員的需求、個性以及現在的工作狀態，並賦予動機，會有很好的效果，因此這套矽谷企業文化也開始被引進韓國社會中。但這會是毫無缺點的方式嗎？就當各位都是組長吧，如果收到公司通發郵件，說從現在開始要引進 1 ON 1 時，首先會有什麼想法？

「哇，一個一個談，要談到什麼時候？」不是嗎？實際上，輪流與所有組員一對一見面的過程，對組長來說就要花相當多的時間和精神能量，因為1ON1不是單純的「組長和組員輪流吃飯」這麼簡單的概念，而是要幫助團隊成員「毫不倦怠地投入工作」，這一句話就是要組長兼任組員們的職涯教練。

哲亨費盡心思在看書、上課學習如何指導組員，但除了極少數組員外，大部分人都對他感到很不自在。即使是一對一見面，也有不說話的情況（在哲亨成為組長之前，明明關係很好！）常常都是哲亨自己一個人一直講，組員默默聽完就結束了。我問不知所措的他：「哲亨，也許你善用了做為組員時所擁有的優勢，但我覺得必須先了解你重視什麼價值，以及如何在現在的位置上表現出來。」

我拿出一張Ａ４紙。

我＿＿的介紹。

我是＿＿的人。

我是＿＿的人。

我是＿＿的人。

我是——的人。

「這叫做『存在介紹』，一天寫一個，想到什麼就寫什麼。自己的個性、特點、行事風格、習慣……什麼都好。透過這個方式，先從提高你對自己的自我意識開始，具體化自己是什麼個性的人、可以用什麼方式引領別人。」

之前提過的自我意識，說明了對自己的各方面有多少了解，也就是說**「我是這樣的人」的說明越多，自我意識狀態就越「高」，越少就越「低」**。

自我意識狀態低並不一定會出現問題，但自我意識狀態高的人容易適應變化多端的環境。因為清楚了解自己，所以一旦換了新環境、身分，可以根據自己的各種面向中，拿出適用的一面。

一個月後，哲亨把他寫好的「存在介紹」寄來了。

6. 我的「使用說明書」

哲亨的存在介紹如下：

我朴哲亨的存在介紹。
我是一個能快速處理事情的人。
我是希望每天都能感受到成長的人。
我是一個一見到無禮的人就不講話的人。
我是一個會受天氣影響心情的人。
我是最近睡眠不足的人。
我是努力每天至少去健身房半小時的人。

我是面對下屬比面對上級更困難的人。
我是用寫的比說的更得心應手的人。
我是一個正經歷四十青春期（四十歲出現青春期狀態的新造詞）的人。
我是一個責任心很強的人。
我是寧可早到也絕不遲到的人。
我是努力的人。
我是不太懂怎麼休息的人。
我是需要在工作上感到成就的人。
我是比起被罵，受到稱讚時更有力量的人。
我是和朋友們喝一杯啤酒也能得到力量的人。
我是一個不擅長一心多用的人。
我是一個一緊張，話就變多的人。
我是一個在安定中追求冒險的人。
我是一玩遊戲就聽不到任何聲音的人。
我是連自己是什麼樣的人都不知道的人。

我是週末沒有約會就睡覺的人。
我是一個很有人情味的人。
我是一個有學歷情結的人。
我是容易對新鮮事物感興趣，但很少嘗試的人。
我是一個只要能順利完成計畫就感到欣慰的人。
我是比起安慰和共鳴，更喜歡提出解決方案的人。
我是愛哭的人。

他是什麼樣的人，現在能多少了解一點了嗎？他是一個追求穩定的同時，也在其中成長的人；在組織中取得成果，並透過這些得到認可，逐漸站穩腳步，具有「王牌」特性的人。無論是工作還是娛樂，都集中於一件事上，具有與眾不同的專注力。

我向他提問：「在與組員對話的時候，你會努力用什麼方法給組員動力呢？」

「我會盡量按照各自的需求去做，首先向那位組員說明一下現在負責的工作會有怎樣的期待效果，一起努力思考如何達成。我會盡最大的努力去稱讚和認可組員。」

「哲亨，但或許不是所有組員都希望得到稱讚和認可。有些人只是因為需要錢才來上班，對那種人來說，在工作上得到認同沒有太大的意義。有些人有穩定的工作就會滿足，但有些人希望成長，比起稱讚，受到冷酷的指責時所受到刺激對他來說更能激發成長。」

「我怎麼可能全都配合呢？」哲亨看著我。

我又說：「1 ON 1 時如果無話可說，那就和組員一起談談是否清楚彼此對工作的要求……啊，不然這樣，我去一趟你的辦公室吧？邀請組員舉辦一場小聚會。大家一起聊聊，你們肯定能找到彼此的切入點。」

✦ 我的使用說明書

三個月後，哲亨再次聯繫，說要來找我。現在已經不再是諮詢師和諮詢者的關係了，而是同齡朋友一起坐在居酒屋裡。他的表情比第一次見面時自在多了，我替他感到開心。

「在烈，自從上次你來過之後，我們團隊都逐漸感受到了變化。謝謝你。因為知道每位組員是什麼樣的存在，所以知道可以用什麼方式來鼓勵他們。從組員們的表情來看，『朴哲亨變了』這種表情越來越少見。雖然不能說已經完全好了，但感覺海嘯已經過去了。」

「能幫上忙真是太好了。」

「啊，還有那個存在介紹，我後來也有持續在寫，感覺相當好。寫著寫著就像是在寫我這個人的使用說明書，好像也可以用在其他用途。」

「什麼其他用途？」

「我每天寫兩個，到目前為止已經累積兩百多個了。如果覺得太累時，就打開存在介紹文件並搜索『自在』，就會出現『我是做什麼都很自在的人』這樣的句子。看完之後就會覺得『啊，今天該休息了』，因此得到了休息的提示。用想的會忘記，但只要記錄下來就能知道我這個人什麼時候不舒服、什麼時候舒服，就像『我的使用說明書』一樣。」

我笑著對他說：「果然，能幹的人就是不一樣，沒想到還可以這樣利用。

『我的使用說明書』這個詞很好啊！我想把這則故事寫進我的書裡可以嗎？酒錢我來付吧！」

微儀式十二：我的使用說明書——存在介紹

看了哲亨的故事，或許有人會說：「我不是組長，這一章就不用看了吧？」但這一段落請你不要跳過。「存在介紹」並不是專為職場內的領導者和主管而誕生的方法，而是任何人都可以使用的通用性微儀式。

你可以像哲亨一樣，透過這項分析，讓自己在工作上有更好的表現。有人會把自在和不自在的狀況寫下來，當身心疲累時用來當作恢復的工具；有人會寫出與什麼樣的人合不來，做為人際關係的參考。

進一步說，也有人會毫無目的地一直做，但這行動本身就很有幫助。花一週、十天、一個月的時間，感覺可以更了解自己，這種心情就足夠了。

每天給「我是什麼樣的人」一個答案，藉以提高自我理解，這個過程本身在面對未知的將來時，可以抓住我們的心靈中樞。

啊！對於待業中的朋友還有個意想不到的效果。

「在烈，我寫完存在介紹之後，發現在寫履歷和面試時變得更強了！剛開始寫自我介紹時，常常很苦惱該寫什麼。面試那段一分鐘的自我介紹也很難熬。但是，現在從存在介紹中可以找到最適合那間公司的特色，在自我介紹時特別強調，幫我加很多分。」

真的有很多用法吧！存在介紹本身並未具有任何目的，而是根據製作者的性格和特質，呈現出不同效果。

打個比方，寫這份存在介紹的過程，可以想像成最大限度地收集樂高積木的過程，然後有人用這些積木來建造房子，有人則是拿去製造車子。

各位寫的每一行累積起來，會形成什麼呢？試著寫寫看吧！

我＿＿＿＿＿＿的介紹

我是＿＿＿＿＿＿＿＿＿＿＿＿＿＿＿＿＿＿＿＿＿＿＿＿的人

我是＿＿＿＿＿＿＿＿＿＿＿＿＿＿＿＿＿＿＿＿＿＿＿＿的人

我是＿＿＿＿＿＿＿＿＿＿＿＿＿＿＿＿＿＿＿＿＿＿＿＿的人

我是＿＿＿＿＿＿＿＿＿＿＿＿＿＿＿＿＿＿＿＿＿＿＿＿的人

我是＿＿＿＿＿＿＿＿＿＿＿＿＿＿＿＿＿＿＿＿＿＿＿＿的人

我是＿＿＿＿＿＿＿＿＿＿＿＿＿＿＿＿＿＿＿＿＿＿＿＿的人

我是＿＿＿＿＿＿＿＿＿＿＿＿＿＿＿＿＿＿＿＿＿＿＿＿的人

我是＿＿＿＿＿＿＿＿＿＿＿＿＿＿＿＿＿＿＿＿＿＿＿＿的人

我是＿＿＿＿＿＿＿＿＿＿＿＿＿＿＿＿＿＿＿＿＿＿＿＿的人

我是＿＿＿＿＿＿＿＿＿＿＿＿＿＿＿＿＿＿＿＿＿＿＿＿的人

我是＿＿＿＿＿＿＿＿＿＿＿＿＿＿＿＿＿＿＿＿＿＿＿＿的人

我是＿＿＿＿＿＿＿＿＿＿＿＿＿＿＿＿＿＿＿＿＿＿＿＿的人

我是＿＿＿＿＿＿＿＿＿＿＿＿＿＿＿＿＿＿＿＿＿＿＿＿的人

我是＿＿＿＿＿＿＿＿＿＿＿＿＿＿＿＿＿＿＿＿＿＿＿＿的人

我是＿＿＿＿＿＿＿＿＿＿＿＿＿＿＿＿＿＿＿＿＿＿＿＿的人

7. 在洗手間也可以靜心

我介紹了很多關於寫作的微儀式，或許大家可能會想：「微儀式主要是用寫的方式來執行嗎？」當然不是，有其他行動、聲音等各種形態。

如果讓我在其中選出一種最好的微儀式，我認為是靜心，這同時也被稱為「微儀式之花」，因為不受時間和場所的限制，可以立即穩定身心。

所以這回想來談談「靜心」，正好想跟大家分享一則小故事。

幾個月前發生了一件非常有趣的事。隔了好一陣子，我又有機會擔任談話性節目的主持人，這是個為了生活在身心動盪時代的二、三十歲青年，同時也想提倡靜心在生活中的價值而製作的節目。那天，節目邀請了韓國最大的宗教團體「大韓佛教曹溪宗」的總務院長真愚法師進行了談話，真愚法師長久以來都有靜心的習慣，當天的主題自然也與靜心有關。

雖然是來工作的，但我的內心很期待。對才剛把靜心生活化的我來說有許多疑問，但同時也感到相當擔心，一方面因為來賓是不容易見到的人，所以有很多問題想問；另一方面，因為我是主持人，所以要看電視臺的臉色，加上對方是德高望眾的大師，也害怕自己會說錯話而失禮，所以很緊張。

法師似乎知道我不知所措的心情，在錄影前把我叫去一旁，並幫我倒了一杯茶，說：「你想問什麼就問。」我回：「真的嗎？」然後懷著半信半疑的心情問了一個問題。

「那麼……請問大師……您知道MBTI嗎？」

✦培養「再回來」的力量

寂靜了兩秒左右。

「完蛋了，我是不是太失禮了？」我心想。

「INFJ。」

嗯？大師非常了解啊！為了和年輕人溝通，所以親自做了測驗。在那一瞬間，我心裡的一堵牆不知不覺地倒塌了，應該是突然覺得跟大師拉近了距離。實際交談後發現大師很有才華，也很談得來，於是我下定決心：「好，今天不看腳本，即興上陣吧！我要把想問的問題都問完！」

錄影進行到一半時，我突然提出問題：「大師，從某個角度來看，二、三十歲的青年也是現在最疲憊的一代。今天聽了很多好的內容，但對於怕被忙碌的日常纏身，抽不出時間行動，如果光學不練，很快就會忘記的人來說，該怎麼辦才好呢？」

大師說道：「靜心不需要特別安排時間，隨時隨地都可以進行，甚至還可以一邊上廁所一邊進行。」

這是什麼意思呢？也就是說，我們要打破靜心在觀念上的偏見。與諮詢者見面時談到靜心，通常會出現這樣的畫面：先鋪上瑜伽墊，點一顆香薰蠟燭，家裡都沒人在時「正襟危坐」地靜心，感覺這樣會比較有效果。

為什麼會那樣想呢？因為一般認為「靜心等於集中」。如果在靜心時產生別的想法，就會認為沒有做好。我也是這麼想的。大師似乎是為了打破這種偏見，說了令人驚訝的話：「我在靜心時也會有其他想法。」

我突然感到一陣寬慰。啊，這麼有修為的大師在靜心時也會參雜其他想法啊！我接著問大師：「那麼碰到這種時候該怎麼做才好？」

「察覺到了，再重新回到靜心本身就行了。」

不要責怪自己產生雜念，也不要將其視為問題，而是培養「再回來的力量」就可以了。或許這股力量不僅僅是靜心，也是生活本身所需的價值。

想想看，在短短五到十分鐘的靜心中，可能會因為無數雜念而覺得「不如我所願」，更何況是數十年，甚至百年的人生呢？在這種情況下，我們需要的不是埋怨和責怪，而是能夠迅速回到日常正軌的靈活性。

那次節目結束後我才醒悟，靜心不僅僅是讓日常生活變得更平靜的工具，而是在人生意想不到的偏離軌道之際或因各種想法而動搖時，培養「重新回來的力量」，我們可以透過安靜卻強烈的「抓住重心練習」。

微儀式十三：

開始一天的笑容——微笑靜心

大家都知道靜心很好，但要開始做還是會覺得很茫然和困難。這種時候可以跟著影片或語音引導。Netflix一部名為《冥想正念指南》的節目很受歡迎，它以感性的動畫片和有趣的小故事來詮釋靜心的主題，有一點有聲書的感覺，跟著溫柔的聲音走，會自然而然地感到放鬆。

但是靜心並非總是追求放鬆的「微儀式」。靜心根據形態、長度以及內容的不同，具有不同的功能。有可以幫助放鬆和睡眠、促進褪黑素分泌的靜心；也有活化集中力和幸福感的血清素靜心。

在這裡我想介紹一個適合在早上做的靜心：**微笑靜心**。

這是積極利用靜心中重要的要素之一——視覺化的靜心，簡單來說，就是腦海中浮現形象的靜心。在這個過程中，大腦可以因此活化，做個伸展運動就可以看到成效，清晰、集中心神開始全新的一天，現在馬上告訴人家詳細的操作方法，還有為什麼是「微笑」靜心。

開始微笑靜心。

深吸一口氣，呼氣。

再深吸一次，呼氣。

好，現在嘴角上揚，露出輕盈的微笑，

我們一起想像以下三件事。

第一，回想能讓我微笑的地方或風景。

充滿愉快回憶的咖啡廳不錯，

難忘美麗夕陽的海邊也很好。

回想那個場所或風景，深呼吸兩次。

吸氣、吐氣，吸氣、吐氣。

第二，繼續想著那個場所或風景，
讓自己出現在那裡。
想想在那裡的自己是什麼表情？
正在做什麼？有什麼感受？
看著那個讓我心情好的場所或風景中的自己，深呼吸。

吸氣、吐氣，吸氣、吐氣。
第三，微笑的風景中的我，
有什麼想說的嗎？
停三秒後再想。
現在將想要傳達的訊息裝在深呼吸中，傳送給另一個自己。

吸氣、吐氣，吸氣、吐氣。

現在睜開眼睛。

看文字感覺挺久的，但實際做起來不到三分鐘。如果早晨起床或者上班的路上感到煩躁的話，就需要透過微笑靜心進行視覺化練習。在露出笑容、想像畫面的過程，也會因此活化大腦。

即使這時有雜念也不要自責！還是可以重新回來再做一次。

8. 給一天連十分鐘都抽不出空的職業婦女

我的老朋友恩雅曾經被譽為像機器人(?)般完美，學生時期的她功課很好，畢業後在公司的表現也相當突出。戀愛順利、有情人終成眷屬，步入禮堂，是個什麼都懂又自律的人。我們大學的時候不是都有那種同學嗎？新生露營一起喝酒喝到很晚才睡，第二天仍是最早起床的人，梳裝整齊後把大家叫醒，煮醒酒拉麵並收拾好酒瓶。

可能是因為這些原因，讓我很喜歡恩雅。是因為她很完美嗎？不是的。在我成為諮詢師後，好朋友見到我時，都會自然而然地說出苦惱。我並不排斥這樣，畢竟能幫助親近的人反而更有意義。但有時還是想擺脫工作，希望暫時不是「諮詢師張在烈」，而是「普通人張在烈」。

可是恩雅見到我時，從不說出自己的煩惱。我們有時會約在咖啡廳見面聊天。她總是以一絲不苟的模樣出現，我們通常不會聊很久，各自喝著咖啡、滑著手機，時間差不多時，只要一人說「走了！」另一人就會說「好，走吧！」然後各自離開，是那種瀟灑、自在的朋友。但是新冠肺炎疫情加上她懷孕生子，我們有一段時間都沒有見面，因為有了孩子之後，有很多地方需要花費心力。

✦二十四小時不間斷的緊張狀態

二〇二三年見到了久違的恩雅，她已經成為公司裡的部長了。「真不愧是恩雅，這麼年輕就當上部長，可以請我吃頓飯吧？」我帶著輕鬆的心情到她公司附近。正好碰到午休時間，上班族蜂擁而出，但我一直沒看到她，左顧右盼了半天，突然有人拍了我的背一下。

「在烈，你來了？」

我回頭看，嗯？這人看起來太憔悴了吧！恩雅是新生露營時，徹夜喝完六瓶燒酒還維持全妝，絕對不讓別人看到自己散漫樣子的人，最後一次見到她的印象依舊完美無缺……然而現在我卻不自覺流露出真實心聲。

「妳……妳怎麼這麼憔悴？」

「告訴你一件可怕的事，我的孩子晚上根本不睡覺，通常要到早上我才能入睡。」

「妳熬夜顧小孩然後又接著上班嗎？天啊，我本來是來找妳蹭飯的……還是我請妳吃飯吧，幫妳好好補一下。」

「算了，飯我來請，你就發揮專業，順便聽我說苦惱吧！」

我嚇了一跳。我們認識的這十五年來，她從來沒有說過自己的煩惱，總是酷酷地說：「反正船到橋頭自然直。」但現在的她拿著湯匙在蔘雞湯裡攪動了半天，終於開口。

「聽說你最近在研究關於過勞、什麼微儀式的，有什麼建議嗎？」

「妳最近很辛苦嗎？」

「之前看了你的專欄，聽說全職媽媽是最常經歷過勞的一群。我反對。職業婦女才是。回到家有家務要忙，還要顧小孩，體力負荷量太大了，最近我一到公司就精神崩潰。你知道那種二十四小時都處於緊張狀態的感覺嗎？在公司，身為年輕女部長，大家只想找我麻煩；回家以後，兒子又哭個不停，我連上個洗手間都不安心。」

我推薦身處在太多的角色和緊張中，感覺自己原本的面目逐漸消失的恩雅使用存在介紹，希望她能逐漸找回失去的自我。但是聽完存在介紹的恩雅說：

「這個方法很好，但我真的一點時間都沒有，我沒有信心可以每天做到。」

「嗯，如果真的很難的話……真的一點空檔都沒有啊，妳有沒有辦法騰出時間？」

「睡覺的時候？躺在床上時？」

「睡得好嗎？」

「睡不著啊！睡兩個小時就要起來跟我老公換班。搞笑的是，累到那種程度，應該一沾床就昏睡吧？可是我睡不著。或許是因為一整天都醒著，就算躺下去，只要想到兩個小時後就得起床，又緊張得睡不著覺了。」

各位也有過像恩雅一樣的感受嗎？不一定是育兒或繁重的業務，重點是一直處於「持續性的緊張狀態」。

我通常會在寫書時有這樣的狀態。集中精神的時候，身體、精神都呈現緊繃狀態，畢竟寫書不是一、兩天就能完成的，短則一個月，長則兩、三個月，因而產生「雖然很累，但睡不著覺，即使休息了也彷彿沒有休息到」的感覺。這是考生和待業中的人經常遭遇的經驗。這時，我們需要放鬆訓練。

✦身體掃描

簡單來說，放鬆訓練就是讓無法放鬆的大腦和身體持續練習放鬆，使其恢復原狀的過程。身體和大腦原本是可以自由轉換緊張和放鬆的狀態，如果長期只使用一種功能，那麼轉換機制就會出現錯誤。身體和精神具有同步的性質，只要精神一緊張，身體就會在不知不覺中一起收縮。如果身體長期處於緊張狀態，精神也會一直在壓力狀態中。

換句話說，精神和身體中只要有一個能練習放鬆，另一個自然而然會跟著放鬆，處於舒適的狀態。所以去澡堂時，若身體處於疲憊狀態，泡完澡之後，心情也會在不知不覺間跟著放鬆。反過來，心情舒暢的話，身體也會在不自覺中放鬆下來。

有一種微儀式可以將這種相互作用極大化，那就是「身體掃描」。我想把它推薦給恩雅。

「我傳一則音檔給妳，妳聽著入睡吧。」

「是什麼呀？」

「這叫『身體掃描』，我本來是錄給自己聽的，妳先試試看。」

「什麼？要我睡覺的時候聽你的聲音嗎？」

半年後，我跟恩雅聯繫上，她這樣說：「喂，你把那個弄成YouTube影片吧。這個效果很好。」

沒有說謝謝，她就像以前一樣以冷嘲熱諷的玩笑表達。我「噗」地一聲笑了出來，我想，現在她的日常生活可能開始放鬆了，因為她可以再度開玩笑了。

微儀式十四：越睏越成功的靜心——身體掃描

身體掃描就像用掃描儀掃描身體一樣，是察覺到真實狀態的訓練。簡單來說，就當是**在掃描儀上從腳到頭頂、探索自己的身體，是一種從下往上的呼吸靜心。**

如果說之前介紹的微笑靜心是透過視覺化活化大腦，讓大腦變得清醒，那麼身體掃描就是透過「感覺化」感受身體，慢慢放鬆。所以也有人說，身體掃描是「越睏越成功的靜心」。也就是說，達成從緊張狀態放鬆到原本狀態的目的。

每天做這項靜心就會發現自己的身體哪裡不舒服、哪裡不對勁。如果生活太忙碌，人往往會一直到病重時才驚覺，而這中間已經錯過很多可以及早調整的時機。但是透過身體掃描，可以察覺到身體各個角落發出的信號，就會知道「啊，原來我這麼不在意自己的狀態」，產生應該多觀察自己的想法。

在忙碌的日常牛活中，用很短的時間就能照顧自己，一起來試試身體掃描吧！

準備開始身體掃描。

深吸一口氣，吐氣。

再深吸一次，吐氣。

從腳底開始觀察。

現在感受一下腳底的感覺。怎麼樣？

腳底是刺痛還是緊縮？

沒有任何感覺也是一種感覺。

慢慢地感受並深呼吸。

吸氣、吐氣，吸氣、吐氣。

接下來往上到膝蓋。

現在膝蓋有什麼感覺？

一邊觀察膝蓋是否痠痛、是否會不舒服，一邊深呼吸。

吸氣、吐氣，吸氣、吐氣。

好，現在來到骨盆。

骨盆有什麼感覺？

一邊是不是歪了？

是否哪裡特別痠痛或不舒服，別忘了深呼吸。

吸氣、吐氣，吸氣、吐氣。

接下來經過腰移動到肩膀。

肩膀怎麼樣？

身體處於緊張狀態時，肩膀會發出訊號。

一邊觀察肩膀是否痠痛或緊繃，一邊慢慢深呼吸。

吸氣、吐氣，吸氣、吐氣。

現在移動到後頸。

與肩膀相反，後頸是在精神緊張狀態時會發出訊號。

觀察後頸是會刺刺痛痛的，是否放鬆，一邊深呼吸。

吸氣、吐氣，吸氣、吐氣。

最後來到人中，當呼吸的時候，能感覺到氣從鼻孔進、出。

深呼吸兩次。

吸氣、吐氣，吸氣、吐氣。

很簡單吧？從腳底到後頸，一邊掃視身體，一邊深呼吸即可。對感受到的感覺不需做出任何評價或解釋，只要原封不動地感受就可以了。只要堅持練習，就像泡在露天溫泉一樣，一邊感受疲憊和舒適，一邊休息。

9. 沒有停止不安的辦法嗎？

我有另一位朋友與前一章提到的恩雅相反，他的名字叫宰鉉，我都叫他狐獴，為什麼？因為狐獴總是緊張地探頭、左顧右盼，膽子很小。宰鉉就是這種性格的人，即使只有一點小事掛在心上，晚上也會睡不著覺的「專業不安者」。

尤其到午夜，擔心的事會變得特別多，也就特別想找人說話，他通常會打電話給我，因為我是夜貓子，那個時間點幾乎都還是醒著的。我們經常會聊到超過凌晨三、四點，其實也沒什麼特別的內容，他就是一直問「怎麼辦？」雖然主題每次都不一樣。

「最近公司的氛圍很不尋常，有人說從次長級開始會陸續被勸離職……」

「好像應該來弄個電商網購之類的副業，該賣什麼好呢？」

「我上次去相親，見面的氣氛還不錯，但是對方不太傳訊息，這種關係算什麼？」

「你也覺得我被我們常務盯上了吧？」

或許有人會覺得他是那種會讓人覺得很累的朋友，但宰鉉是我最喜歡的朋友之一，因為他「習慣憂心忡忡」的性格，所以對周圍的人也會竭盡全力。

我第二次因過勞而回老家時，他擔心我因為無聊而更加無力，每天都會傳些電子優惠券、發訊息問候，比我自己還要擔心我。我很感激他的心意，所以經常二話不說，接聽他半夜打來的電話。

不過有一天我突然產生疑問，於是問他：

「宰鉉，我這樣在半夜聽你說話有任何幫助嗎？」

「當然有幫助，我很感謝你啊！怎麼了？是我太頻繁打電話，讓你覺得很困擾嗎？」

果然他又開始擔心了。

「不是，只是在我看來，我們通話的時候你……不是說覺得內心很不安嗎？但說過的話又一說再說……而且我覺得這樣事情並沒有解決，因為一直反覆咀嚼，反而讓你更不安。這好像不是對你有幫助，而是對你有害。」

如果真的想幫助朋友，就不應該傾聽並助長他的不安，而是應該告訴他如何讓不斷產生不安的大腦「斷線」的方法。於是我問他：「你聽過『認知行為療法』嗎？」

✦停止思考最有效

認知行為療法是行為心理學和認知心理學的基本原理組合，是指對問題情況以行動為中心進行治療的過程，簡單來說，與透過諮商進行以對話為中心的治療不同，認知行為療法是給患者某種「行動任務」，對減少強迫、不安等有很大的幫助。

這種認知行為療法有「停止思考」的概念，代表性的方法之一就是用橡皮筋。在手腕上戴著橡皮筋，當強迫行為發作或不安時，就拉起橡皮筋彈手腕，透過彈手腕的疼痛感這項「外部刺激」來停止思考。被不安蠶食，不停地反覆思考時，橡皮筋在手上一彈——「啪！」思緒就會斷掉。為了更容易理解，我來舉個例子。

假設我們一起坐在咖啡店的露臺上聊天，聊得正開心時，突然一輛外送摩托車發出很大的噪音呼嘯而過。我們都嚇了一大跳，一同望向車子行經的方向。然後通常會這樣說：「嚇我一跳！剛才我說到哪裡了？」摩托車聲音的外在刺激，打斷了我們的對話。

習慣性的焦慮接近於與自己無休止的對談，所以**切斷這個對話的脈絡，利用突發性的外部刺激最有效**。

聽過說明之後，宰鉉問道：

「但是，如果陷入思緒中，可能會連手上戴著橡皮筋都不記得了吧，該怎麼辦？」

「的確有可能，我也知道你會問這個問題。看看你手機裡的 App。」

怎麼突然要看 App 呢？宰鉉不安的思緒一下子被切斷了。這項外部刺激不是別的，正是手機 **App**。各位也試一下吧！

微儀式十五：停留在當下的練習——整理心態鐘

我推薦給宰鉉的應用程式是「鐘聲」，功能很簡單，其實就是鐘聲而已。使用這個的靈感來自於一部電影。就是曾被提名為諾貝爾和平獎候選人——一行禪師的傳記電影《正念的奇蹟》，我從中得到了啟發。

一行禪師出生於越南，他反對越戰，是位和平運動家，也是繼達賴喇嘛之後擁有最深智慧，被稱為「活佛」的修行者。他在歐洲和亞洲各地建立了「正念修習中心」，在電影中詳細講述了在這裡修習的日常生活。

每年有八千多人造訪的正念修習中心，來到這裡不管是休息、靜心、聽課，做什麼都可以，但大家必須遵守一項規則：當每十五分鐘會響一次的鐘聲響起時，所有人都要停止手邊的工作，並仔細傾聽鐘聲，無論是餐廳廚師、接待人員，還是來訪的客人，無一例外。

這個過程叫做**「停止思考，停留在當下的練習」**。對於不安的人來說，這也是特別需要進行的練習。不安最終是一種「自我防禦機制」，試圖盡可能詳細地預測未來可能發生的事，並提早應對。腦海裡會一直處於未來，想著「如果發生這種事該怎麼辦？」這時，鐘聲就會切斷我們未來的「脈搏」，就像前面提過的摩托車噪音一樣。

♪

好，下面我們來看一下因外部刺激而停止思考的方法，以及調整心態鐘的使用方法吧！

一，在 iOS 系統的 App Store 下載「Mindfulness Bell & Chime」，在安卓系統的 Play 商店下載「心靈關懷鐘」應用程式。

二，下載好了就打開應用程式。

三，可以設定鐘聲的起始時間和終止時間。

四，可以設定鐘聲每隔幾分鐘響一次。也可以隨機間隔。

五，建議大家回家後，可以依照自己在家的時間設定開始和結束，中間再設定隨機進行。

設定好之後該如何使用？現在就舉個例子。

我最晚會在晚上十點三十分到家，這個時間設定為開始的起點，所以白天完全不會響，直到晚上十點三十分第一個鐘聲響起，就暫停手邊正在做的事，直到鐘聲結束前，只要專心聽聲音就好。待鐘聲結束，就繼續做原本在做的事，洗碗、折衣服、洗澡。不用勉強自己去想什麼，自然地進行日常生活。

當然，在這個過程中也會產生各種想法，接著鐘聲又會再次響起，就再停下來，專心聽聲音直到結束就可以了。

重複這個過程，你會很難再陷入太深的想法，因為一直被打斷，只要察覺到「啊，我又在擔心了」時，豎起耳朵聽鐘聲就可以了。鐘聲大約持續十秒，專心地聽，直到聲音消失為止，然後你會發現自己回到了「當下的這裡」。

第三章

為了自己的瑣碎習慣

從恢復走向成長

1. 三十九歲時，大聲痛哭的我

為了不再經歷過勞症，我付出了很多努力。透過前兩次的經驗，我明白了核心問題是以「不安」為基礎。為了不落後、不被人們遺忘，不斷折磨自己也是個問題，所以我會暫時休息，拒絕無理的事來守護自己。在努力的背後也有「不能再經歷過勞，光休息不工作」的危機感。

但是我忽略了一點，即使我本身沒有問題，但「不得已的情況」也會讓我感到疲憊。三十九歲時的第三次過勞，就是因為我「無法阻止的事」襲來。

✦接二連三的打擊不斷襲來

二〇二〇年新冠肺炎疫情期間，我的工作量翻了一倍，需要諮詢的人比以前多更多了。而且，在無法實際見面的情況下，長期進行「網路諮詢」的我和團隊夥伴收到了超出想像的業務合作邀請郵件。

與企業、地方自治團體、公家機關等很多單位進行會議、討論，並製作了一個節目。其實我並不覺得累，也不覺得煩，因為我比以前堅韌許多，如果真的覺得太勉強，也可以自行休息一下。無論如何我都可以堅持下去。

但所謂世事難料，疫情大蔓延，在之後的兩年時間裡，「骨牌效應」開始了。

第一張骨牌是我的母親被診斷出罹患癌症。平常很健康的媽媽突然生病了，只能放下所有的事，把媽媽放在首位，和全家人一起為媽媽集氣。

過沒幾個月，又遇到了第二張骨牌：戀人外遇。我追問著到底為什麼，得到的答案是「我們有三個月都沒有親密接觸」，我哭喊：

「我不是忙，也沒有變心，是我媽媽生病了。」

「用『我媽生病了』這件事當藉口？你還是人嗎？我實在無法理解！」爭吵了半天才知道真相，那位平凡如一般人的她，背後其實是個性偏離者❶。在照顧母親的同時，無法接受這突然其來的真相。但比起來自對方的打擊，我對自己的打擊更大。

「這輩子談過幾次戀愛，而且又不是小孩子了，怎麼會遇到這種事？」

我假裝若無其事、假裝堅強，白天全心全力照顧媽媽，到了晚上，不顧感情的創傷，打開筆電開始工作，一直持續到凌晨，藉以安慰自己。

「沒關係，至少工作還是很順利。媽媽生病了，需要這麼多醫藥費，要是沒有工作要怎麼辦？雖然分手很痛苦，但至少還有工作可忙，這是值得感謝的事。」

但是意想不到的第三張骨牌，在工作上開始坍塌：我捲入官司。有一天，朋友突然傳訊息給我。

---

❶性偏離是種精神疾患，特徵為出現重複且強烈的性喚起，呈現在幻想、衝動或行為上，持續至少六個月，常見例子如戀童症等。

「在烈，能幫我看一下這個連結嗎？」

點進去一看，是抄襲。一家著名企業複製了我的專欄，當作他們自己寫的並上傳到網路。就這樣，人生第一次準備訴訟。

而最痛苦的第四張骨牌，就是接連的離別。隨著新冠肺炎疫情的延長，訃文簡訊開始出現，有曾經來找我諮詢的人、患有憂鬱症的好朋友，還有一直為我帶來重大影響的老同事……太多人結束了自己的生命。活到現在第一次在短時間內接到那麼多訃文。二〇二一到二〇二二年之間，我乾脆把手機調成靜音模式，不然每次訊息聲響起時我都會很害怕。

那時候我早上去陪媽媽、中午準備訴訟、晚上開始工作或去殯儀館弔唁。感覺像是看不到盡頭的黑暗隧道出現了：提出分手的戀人每天晚上都到家門口糾纏；在那場訴訟中雖然我是受害者，但是對方派出企業法務組，所以也沒有勝算；出去工作時，大多穿黑色的衣服，因為隨時都可能得去一趟殯儀館。

在這種情況下，無論是演講還是廣播，我堅持一定要做到完美。

就這樣咬牙過了兩年，好不容易走出了那個隧道，打起精神一看，我已經三十九歲，即將邁入四十歲了。

「結束了。」

我以為一切都結束了，剩下的都會是好事。我覺得比以前更上一層樓，要是之前的我，會選擇逃到某個地方，但這次沒有。

沒想到這只是我的錯覺。

✦「其實我好像不太好。」

媽媽完全康復的時候，剛好是在夏天，節氣來到了「初伏」，照韓國傳統要吃人蔘雞。當我們去蔘雞湯店時客人很多，媽媽小心翼翼地問：

「你最近氣色很不好。沒事吧？」

「哪有不好？辛苦的事都過去了，現在要否極泰來了！我要出新書，還想考研究所。」

「那真是萬幸……最近看你感覺像是在勉強工作。有時候會覺得你好像很無力，只是硬撐，甚至會讓人懷疑『用那種表情能治癒別人嗎？』」

妹妹也在旁邊說：「我怕哥哥生氣，所以一直沒有說出來。其實我也感受到了，哥哥，你真的沒事嗎？」

爸爸、媽媽、妹妹，甚至是寵物狗壯壯，所有人都直勾勾地看著我。我相信我沒事……我很想說我沒事，但是突然間，眼淚開始滴在蔘雞湯上。我不知不覺嗚嗚地哭了起來。

「其實我覺得自己好像不太好，我好累……怎麼辦？好像又過勞了。」

2. 不斷捶打疲憊不堪的雙腿，就能夠繼續爬山嗎？

回到家裡呆坐了半天，原來大家都察覺到連我自己都沒有覺察到的狀態。在決定承認第三次過勞的這一刻，我產生了這樣的想法。

「這次過勞的感覺與之前不同，不是我小心就可以避免的。我沒有自找麻煩，也沒有貪心過度、太勞累，是真的發生了許多意想不到的事，而往後的人生，一定還會有像這樣不可抗拒的時刻。不能每次都放下一切去休息，必須找到一種讓自己在日常生活中得以恢復的方法。」

不會完全停止，也不勉強自己跑動，一邊慢慢地走，一邊觀察自己的狀態。話雖如此，但具體該從哪裡開始、該怎麼做，我一點頭緒也沒有。

我想請求幫助。看著手機裡的聯絡人名單，想起了一張臉，一張笑容明朗的臉，然後想起了他的話。

「爬山時雙腿已經筋疲力盡了，一邊捶打一邊罵著：『這沒用的腿，怎麼爬不上去呢？』但這樣就能繼續爬嗎？不是的。心情也一樣。不知道現在應該怎麼辦，就想想爬山這件事吧！」

這段話是出自首爾大學精神醫學系的尹大鉉教授。二〇二一年，在某論壇上首次見到了教授。在休息時間，教授坐在休息室裡跟我們講了很多故事，其中包括關於過勞和恢復的故事，當時沒有想到那些話是衝著我來的。

當然，雖然已經度過了非常艱難的時期，為了不表現出來，我付出了很多努力。我以為沒有人看出來，但是前輩們卻都看出我的狀況。現在仔細回想起來，當時的每一句話都指向我。我開始反覆回味那段話。

「人生就像登山，如果心和雙腿一樣，那麼我現在首先要做什麼呢？」

✦從過勞中恢復的實驗

雙腿在登山時感到疲勞的話，大家會怎麼做？大致分為三個階段。

第一，找地方停下來。

第二，休息一會兒。

第三，喝水、吃巧克力棒等補充能量的東西。

我開始回顧過去。如果說在二十多歲時第一次出現過勞，就像一邊捶打雙腿，一邊強行登山、體力不支暈倒的人，那麼三十四歲第二次出現過勞時，就算是進步到自行察覺到了，於是停下來休息。當時只是因為找不到能注入能量和恢復活力的媒介，所以無法「暫時休息」，必須「長時間休息」，直到恢復為止。

但是三十九歲的我，已經知道自己有如同水和巧克力棒等補充能量的恢復媒介，也就是我一直以來告訴周圍的人，那些小小的習慣。現在到了應該將「微儀式」運用到自己身上的時候了，這是恢復的最後階段。我決定停下來，休息一會兒並補充能量，不間斷地完成這個過程。

做今天該做的事，但同始開始進行「從過勞中恢復」的實驗。

3. 「最無用的東西」的用處

首先，我做的第一件事就是「暫停」。雖然不能像過去那樣長時間休息，但無論如何，都需要時間來調整呼吸。為此，首先要區分「可以延後或拜託別人的事」和「必須做的事」。

前者要不延後（找家教補習多益、製作YouTube影片、寫書），要不拜託同事幫忙（諮詢業務），剩下的只有後者了，只留下了我非做不可的事、別人無法代替的事。

就這樣把事情稍作區分、消除後，查看了日曆，

可以延後或拜託別人的事	必須做的事
• 為了考研究所的多益家教 • 製作、更新 YouTube 影片 • 新書寫作 • 諮詢業務	• 身為團體代表必須去的會議 • 已經答應接下的講演及訪談

在不影響工作的情況下，可以休息八天左右，再規畫那段時間要做什麼。我拿出一張白紙，把想到的都寫下來。

- 到寺廟住幾天
- 無目的地的火車旅行
- 見見好久不見的朋友
- 拜訪一些長輩聽取建議
- 去濟州島旅行
- 睡一整天

不知為什麼，這上面沒有一件是我有興趣的事，而且都不想做，感覺像是另一種具有意義的「工作」。我細看了半天，才明白原因——**因為那些事都是「期待有效果」的事**。

去寺廟住、火車旅行、濟州島旅行，期待的是治癒；睡一整天是期待恢復體力；去找那些人見面是期待聽到有用的話。最終，與其說那些是想做的行動，不如說只是寫了有「用處」的事情。

於是我把那些事情全都刪掉，費盡心思重新思考「我真正想做的事」，但怎麼也想不到，把紙揉成一團後出門。

「不管了，再不出門就要遲到了。」

✦不做不想做的事

晚上有個朋友的生日派對，但是偏偏這天因為地鐵工會罷工，列車等了很久都沒來。十分鐘、二十分鐘過去，月臺上的人越來越多，裝禮物的袋子被擠得皺巴巴，看著人潮的我突然有種「認清現實」的感覺：「說好要把時間花在自己身上，我這是在做什麼呢？」

於是當場傳訊息給朋友：「真對不起，我不去了。今天的狀態不好，我會把禮物用快遞的方式送去給你。」

這可說是有生以來第一次取消當天的約，我頓時覺得豁然開朗。其實我原本就不想去，但這是一週前就已經約好了，要遵守約定、不想破壞對方的心情，但現在感覺像是解放了勉強等待列車的我。

我明白了現在要的是**「不做不想做的事」**，不想去就不去、不想吃就不吃、不想說就不說、不想笑就不笑。

我這才知道自己一直壓抑著最像孩子的本能生活。特別是過去兩年裡，有很多事情需要打起精神來，因為要裝出成熟的樣子，必須堅強地克服困難，結果壓抑得更多了。

決定不去不想去的地方，我突然感到非常興奮。在回家的公車上猛然想到：「我想玩遊戲！我想熬夜捧著遊戲機邊打邊吃零食。」

啊，原來我真正想做的是這個。之前寫在紙上的內容我一點興趣也沒有，因為那是被關在「三十九歲的大人張在烈」的自我中寫下的內容。我內心的孩子想一邊玩遊戲，一邊吃垃圾食物，像孩子一樣盡情打滾。

我立刻按鈴下車，進商場買了一組任天堂遊戲機和兩個遊戲程式，再買十袋餅乾，回到家馬上開始玩遊戲。熬夜玩遊戲、吃零食、想睡就睡……就像十五歲的樣子，但比那時候更好的是，沒有媽媽在一旁嘮叨了！

我決定用小時候最盼望的「盡情玩遊戲的時間」來填滿這八天。就這樣熬了八個通宵，把買來的兩個遊戲都玩到破關之後，大喊：「啊，玩得真開心！接下來要做什麼呢？」

微儀式十六：
發現非生產性需求

看了我的故事，你覺得如何？應該很多人都有同感。我們在不知不覺過著「符合年齡」的生活，即使再怎麼不在意，所有人仍內化了年齡意識，所以連想做什麼、想玩什麼，都要看「年齡」的臉色。

特別是越努力生活的人，越是認為「休息」是沒有用、浪費時間的事。在休息和恢復面前，也得「符合年齡」。

但是**不斷努力練習發現無用的欲望，也有助於發現有用的欲望。**「會玩的人，工作也做得很好」這句話不是隨便說的，因為發現生產性欲望（想做什麼事、想得到什麼樣的認可、適合什麼樣的人等）和非生產性欲望（想玩什麼、不想做什麼）其實是同樣的演算法。

這兩者都取決於能多大程度調整頻率來滿足內心的聲音。我一直寫具有期待效果的休息行為，實際上可以說是沒有深入調整自己的內心頻率，也就是說，沒有達到內心最深處的「孩子的本能」。在不知不覺中，三十九歲的年齡、身為諮詢師的自我，成為無法滿足真正欲望的障礙。

大家又是如何？內心深處發出的心聲，你聽清楚了嗎？就把自己當成孩子，在下一頁的書寫處自由地寫。把你現在的年齡、職業、社會地位、專長都拋在腦後。在那個如孩子般的欲望中，也許隱藏著真正需要實踐的微儀式材料。為了協助投入，用蠟筆或彩色筆寫也不錯。視覺上的刺激對投入微儀式有很大的幫助。

♫

有哪些想說、想聽的話呢？如果想做的事情不是對別人有害的，可以每天花一點時間去做；有想聽的話，每天花個一分鐘，對著鏡子裡的自己說，或者抽空寫下來送給自己。做這些事的過程，本身就是很好的微儀式。

我＿＿＿＿＿真正的內心　　我的內在年齡是＿＿＿＿＿歲

我現在想做這個！	我想聽這些話！
我現在不想做這個！	**我不想聽這些話！**

4. 每天始終如一

暫時停下來專心玩遊戲的八天過去了。

停止的階段過去了，現在是真正休息的時候。但是這次我想到的「休息」和以前不同，因為不是完全辭掉工作、像無業遊民一樣生活，而是著眼於如何兼顧工作和休息。

對於一提到「休息」就想到「離開」的我來說，想法等於是一百八十度轉變。在思考「如何轉換想法」之際，我想到了「書」。

「去借十本到目前為止從來都沒想過要看的書吧。」

我心裡這麼想。如果說是平時不會看的書，那應該是最偏離我原本思考方式的書，應該可以從中得到啟發。

什麼類型的書是我平常根本不會看的呢？那就是自我開發和財務、經營類書籍。因為財務、經營很難，我不喜歡；自我開發類的書籍不合乎諮詢師的立場，「每個人都不一樣，怎麼可能有一本書對所有人都有幫助呢？」因為諮詢是集中於每一個人各自的「個性」。

總之，我借了十本之前從沒讀過的類型書，接著到隨機挑選的城市裡住個幾天。整個週末就待在飯店房間裡，瘋狂讀了十本書。可能是平時不看的書，看著看著，視線變得很模糊，不時打哈欠，渾身痠痛，但是我已經下定決心，在讀完這些書之前不能回家。就這樣看著看著，有一句話映入眼簾。

「當消費者對某種情況感到不便時會花錢解決，但經營者會自己創造能夠解決問題的服務。」——《*Unscripted*》，M．J．德馬克（MJ. DeMarco）

看著那句話我想了想：「日常生活中最讓我感到不便的是什麼事？妨礙恢復

的又是什麼事？」我一邊想，一邊看書，在另一本書又看到印象深刻的句子。

「要有健康的生活，最重要的事並非多早起床，而是過著多麼一致的一天。」——《人生勝利聖經》，提摩西．費里斯（Timothy Ferriss）

✦開始我的「奇蹟早晨」

「啊！就是這個！」我明白了，最讓我覺得不舒服、最妨礙我恢復的就是「睡眠」。我曾有過「睡眠相位後移症候群」（DSPS）的症狀。簡單來說，就是一直維持日夜顛倒的狀態，天生的體質是這樣，再加上身為自由工作者，本身就是不規律的工作狀態，起床時間也從來不固定。

我對外的職稱是「青春諮詢所的姊姊們」這個非營利團體的代表，但沒有一般的上班概念。包括我在內，團隊裡所有人都是自願性服務，大多另有正職，很多人都是普通上班族，只有我一個人整整十年都是自由工作者的身分。

所以我會根據當天的日程規畫起床時間：如果沒有日程的日子，會是下午一點多起床；若是一大早要到外地演講，就會在凌晨四點起床。

為了打破這種不規律的生活，我決定像「消費者」一樣花錢解決。早上報了私人教練重訓班，想盡辦法按照上課時間提早起床，但是因為花太多錢，後來就放棄了。後來決定去游泳，但很快就變懶了，因為游泳課即使缺席也不容易被發現。最近聽說有早晨喚醒的收費服務，考慮申請的同時又想「算了，浪費錢，再多睡一會兒吧」，很快就取消了。

不過跟我有相同苦惱的人至少有一萬名吧——這是我沒有料到的。

我決定至少**先在固定時間起床**，**就能滿足恢復日常生活的最低必要條件**。因為沒有自信獨力達成，決定召集和我有同樣苦惱的人，也就是沒有「上班時間」約束的人。闔上書本後馬上在社群網站上打了一篇文章：

「在過去的十年裡，我每天都會在不固定的時間起床，有時是中午十二點，有的時候是凌晨五點，有時是下午二點。在太陽升起之前慌慌張張地出門，或者以『睡了一整天？我怎麼會這樣』的想法展開『新的一天』。以穩定的心態開始的早晨好像並不多。

現在我打算從明天開始，固定在上午九點起床。對我來說這個時間就是屬於我的『奇蹟早晨』。

我想展開符合自己速度的奇蹟早晨，而非世人所認為的奇蹟早晨。

『如果一天的開始始終如一，那麼在日常生活中，我的心也能夠更穩定吧？』我懷著這樣的期待。

如果有人可以與我一起行動就好了。

誰都可以，歡迎私訊給我。」

令人驚訝的是，短短半天就有十一個人傳訊息過來，原來跟我有同樣想法的人這麼多！有「討厭在自責中開始一天」的待業求職者、「越晚起床，不安感越強烈」的新創人士、「沒有工作的日子就不知道該做什麼」的藝術家等，都是看似不同卻又相似的人。

第二天上午九點，包括我在內，共十二位「Morning Friends」在視訊會議上集合，一起開啟早晨。

5. 早晨九點的聚會

約好見面的第一天早上，我七點就睜開眼睛了。

想不到這個聚會真的成立了，但其實也不知道該做什麼，因為擔心，我提前兩個小時醒來。

沒想到一天之內會聚集這麼多人。如果只有一、兩個人加入，我們還可以慢慢討論聚會的方向。但是有這麼多人報名，讓我陷入好像應該提供某種優質計畫的壓力。

我躺在床上思考，回想起我推薦給大家的所有微儀式。

「起床後，我的早晨最需要什麼？」

我想起了身體掃描。早晨起床後我想觀察身體，以此展開一天。今天一整天要辛苦活著的我，身體是否有哪裡感覺痠痛？這種感覺就像在開車前進行安全檢查一樣。

✦心情宣言

約好聚會的九點到了，人們陸續登入視訊會議中，互相打招呼——有曾經來找我諮詢的人，也有固定收看我的專欄很久的讀者、聽過我演講的聽眾，也有第一次接觸的人。

職業和年齡也很不同，大學生、研究生、待業中、辭職後休息中的人、演員、講師、創業家、陶藝家等。大家都跟著我的聲音，慢慢觀察自己身體的每一個角落，調整呼吸後，睜開了眼睛。

不過因為時間太多了，於是我問了一個問題：「為什麼這麼多人聚在這裡？各位是為什麼想參與呢？」

「被在烈文章中的一句話打動，那就是**『如果一天的開始始終如一，那麼在日常生活中，我的心也能夠更穩定吧』**。」

啊，原來如此。

仔細想想，大家都是「不用去上班的人」、擺脫朝九晚五束縛的人們、每年，不，每個月能賺多少錢都不知道，也就是說，是一群很難預測未來的人們。雖然總是面臨動搖和不安，但主要都是獨自行動或工作，說穿了，就是沒有合適的地方可以分享心聲。

他們的模式和我很像。想到這裡，我又想到了一個主意。

「身體掃描結束後，我們再做一個微儀式就結束好嗎？就是說說自己今天想以什麼樣的心情度過。既然起床時間是按照自己的意志決定，那麼，接下來的時間以什麼心情度過也該由自己主導。大家都說說看，這樣也有公開宣言的效果。」

於是每一個人開始回答。

「我今天想以投入的心情度過，今天要做的事情真多。」

「我今天打算以輕鬆的心情度過。昨天結束了大型演出，今天要去濟州島！」

「我想接納憂鬱，度過今天。不勉強自己也是一種照顧自己的方法啊！」

✦打破微儀式的固有觀念

第一天的聚會就這樣順利結束。一週過去了，很快地一個月過去了。

在大家尊重各自的情感、支持自己度過每一天之際，我們也成為彼此的心靈朋友，成為真正的團隊，還取名為「Morning Friends」。隨著關係越來越親密，對這個團體產生熱愛的人們提出了各種建議。

「在烈，來試試存在介紹吧？這裡的人所從事的工作都需要一直思考關於自己的很多事。我們有作家、演員、講師、藝術家、創業家等，還有正在尋找方向的待業中朋友和學生們也要繼續思考自己。」

「在烈，微笑靜心真的很好。開始新的一天，給自我傳達的訊息讓我留下了深刻的印象。接下來進行身體掃描如何？」

「在聚會之前先把被子整理好怎麼樣？不然結束後總是想再睡回籠覺。」

雖然組織這個聚會的是我，不知不覺間大家卻一起參與、設計了屬於自己的微儀式。這裡並不像其他早晨聚會要交會費，做不到也不會懲罰，為什麼大家還這麼認真呢？

理由很簡單。對他們來說，這段時光在不知不覺間變得珍貴了。睜開眼睛最先見到這些人的三十分鐘，可以得到一整天的活力。怎麼說呢？這是打破對微儀式的固有觀念的經驗，**一個人，安靜的，什麼都不做並不代表一切**。

✦ Morning Friends 的微儀式

經過幾週的討論，終於制定了屬於我們的微儀式程序。

即使是在新的一年，我們仍然在上午九點聚會，並堅持下去。看到這裡，可能有人會說：「我也很想參與，但那個時間我在公司啊。」

所以我想詳細地說明一下 Morning Friends 的微儀式程序。就算起床時間不同、無法在視訊會議上見面，但只要以同樣的心境做同樣的事，我們都是

「Morning Friends」。

一，早上起床先喝一杯水、整理被褥。

二，進行身體掃描和微笑靜心。

三，講一件關於我的「存在介紹」，並用編號記錄在手機記事本裡。

四，想想今天一天想以什麼樣的心情度過。

微儀式十七：
今天的心情單詞

在看前面的故事時，出現了很多熟悉的單詞吧？「存在介紹」「微笑靜心」「身體掃描」，把幾個微儀式按程序串連在一起也可以。像宗教儀式或奧運會開幕式等，這些「微儀式」不也都有程序嗎？我們也為了早晨，制定了微儀式程序，也是順序。

關於這個順序，我們等會再詳細說明，在這裡要介紹的是前面沒有介紹過的**「今天的心情單詞」**。今天的心情單詞很簡單，只要說出**「我今天想以什麼樣的心情度過」**就可以了。

沒有說話的對象？沒關係，也可以對自己喊話。最有效的方法是寫在便利貼或便條紙上，然後貼在鏡子上，像下頁圖那樣。

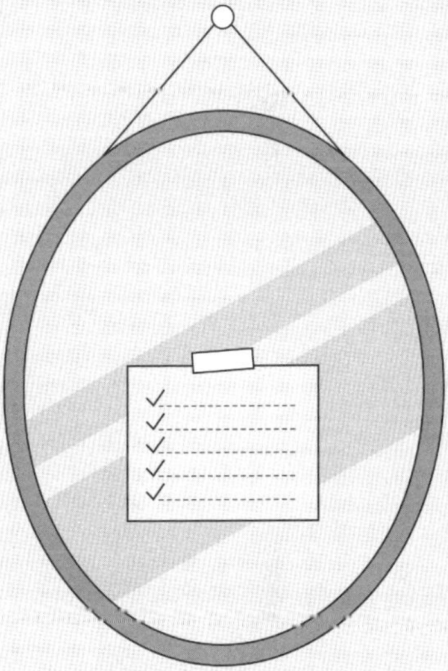

早上出門前寫好貼上，晚上回到家撕下，同時回顧今天是否真的以那樣的心情度過。光是短暫的時間，就能成為很好的微儀式。

也許有些人不知道該說些什麼心情，因為每個人的詞彙量、風格都不一樣。因為想不起最合適的單詞，所以可能總是用相似的詞，也可能只偏重於負面單詞的情況。

所以我想給大家一個祕訣：**單詞範本**。如果各位選擇了「今天的心情單詞」做為你的微儀式，那麼初期可以參考這個單詞範本來挑選，也是很好的練習。

請選擇今天的心情用詞。

投入	有精神	和平
快樂	不畏懼	明朗
興奮	清爽	照顧自己
休閒	撲通撲通	坦率
變幻莫測	放空	沒什麼想法
專注	有活力	自然而然
寧靜	自信	不動搖

好，以下有幾處空白，請各位也來填幾個想要的心情單詞吧！可以是平常慣用的詞，或是希望擁有的心情。現在就把我們的心情單詞倉庫裝滿，那麼每一天都會變得豐富多采。

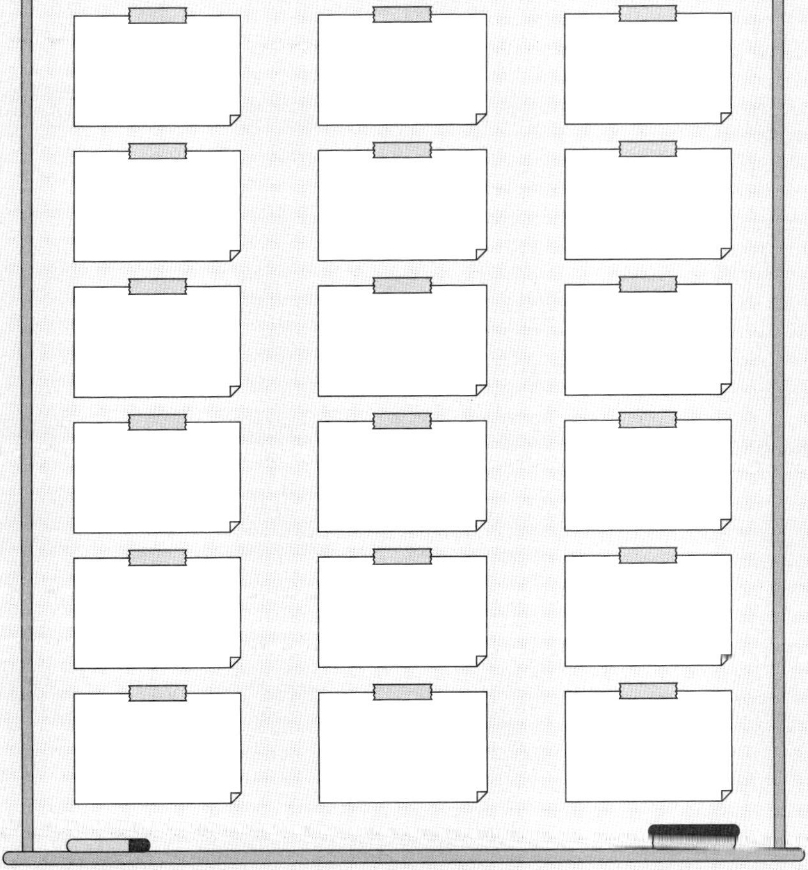

微儀式十八：
早晨第一句話，建立起床銘印

還有個比「今天的心情單詞」更直觀、更簡單的微儀式，就是早上起床後第一句話帶來的「起床銘印效果」。在一睜開眼就能看到的物體（牆壁、房門、書櫃等）上貼一張便條貼並寫一個詞，也就是早上一睜開眼就能看到的「第一個詞」。

♪

我在便利貼上寫了「啊～睡得真好！」早上起床伸伸懶腰，用嘴巴唸出：「啊～睡得真好！」這個微儀式是源自於每天早上說心情單詞時，突然想到的一個疑問而產生的。

「早上起床時的表情看起來要死不活的，但只要在 Morning Friends 面前說想度過平順的一天，就真的能如願嗎？」

我產生了這樣的疑問，在和大家見面之前，「能不能從一天的起點開始就選擇我要的心情？」我想起了「銘印效應」。

♪

銘印效應是諾貝爾生理醫學獎得主康拉德．洛倫茲博士發現的理論。名字看起來很陌生，但其實大家對於它並不陌生，就是鴨寶寶會把出生後第一眼看到的移動物體視為母親，這被稱為「銘印」。

除了銘印之外，還有「關鍵期」這個詞，是指與一出生就認定是母親的對象形成一定時間的穩定親密關係，之後幾乎不會受外部影響，可持續維持穩定感。簡單來說，產生銘印效果的期間就是「關鍵期」，也就是出生後的一段時間，會對整個人生產生重要影響。看著這個詞，我有了這樣的想法。

「如果說形成人生安全感最重要的時期是在出生之後，那麼為了一天的穩定，最重要的時間不就是起床之後嗎？」

假設每天早上醒來就是「重生」，那麼在今天，「關鍵期」應該是起床之後，所以不要錯過，要讓這段時間變成最好的時間。

每天早上重生的我們，從嘴裡吐出的第一句話影響的層面可能比我們想像得更多。就像根據出生後第一眼見到的可移動物體是鴨媽媽、蛇還是獵人，會讓小鴨子產生不同的變化。

各位在早上起床後的「關鍵期」想說些什麼呢？

6. 骨牌效應的錯覺

因為睡眠困擾，我每個月都會去看一次身心科，已經持續了三年左右。一位病患看診的時間大概是二十分鐘，很短是嗎？但是對我來說，反而覺得太長了。因為除了睡眠問題之外，我沒有什麼可說的，所以往往在兩、三分鐘之內就能結束看診。「上次的藥回去吃了有睡得比較好嗎？」「天氣變冷了會不會睡著了之後還經常醒來呢？」……說穿了只是簡單地檢查一下睡眠狀態而已。

因此不知從何時起，在剩下約十五分鐘的看診時間裡，我會和醫師聊很多近況。醫師聽得非常認真，但是這種「傾聽」的感覺，可能和大家想像的不一樣。一般來說，一提到傾聽，就會想到注視對方的眼睛、點頭附和、豐富的反應等溫和的氛圍。但是我的主治醫師不一樣，他非常理性，話不多、反應也很少，多半只是靜靜地聽著，感覺他看著電腦螢幕打字的時間，比看著我還久。

但是他偶爾會問一、兩個問題，而且往往都是一擊即中「要害」。能夠提出好的問題，代表對方非常認真傾聽。所以我很喜歡這位醫師，每個月都很期待回診日。

那陣子正好發生很多事，有和家人一起吃蔘雞湯時痛哭的故事、去飯店閉關看了十本經營類和自我開發類書籍的故事，還有突然成立了名為「Morning Friends」的微儀式聚會。十五分鐘我滔滔不絕，醫師一如往常，靜靜地聽著，然後問道。

「在烈，原來發生了那麼多事，那麼透過那些過程，你恢復了嗎？」

「是的，醫師，好像慢慢好起來了……但我不知道，這樣下去會不會又突然變不好了？」

「為什麼這麼想？」

「我也不知道。只要感覺好像要好起來的時候就會出事，像被騙了一樣。」

醫師聽完沉默了一會兒，接著問道。

「在烈，你來看診已經兩年多了，這期間你知道你常用『骨牌效應』這個詞吧？但是真的只有壞事嗎？」

✦積極解釋練習

仔細想想，這個詞真的說過好多次了，我想只能這樣。因為過去兩年真的像骨牌一樣，只要稍微從不幸中解脫出來，很快就會發生更糟糕的事；只要有一點恢復的現象，就會出現更大的傷痛。

因為這類事情反覆發生，即使暫時平靜下來，還是會不安地先擔心起來：「這麼平靜真是不尋常，一定又不知道會出什麼事吧？」這樣的感覺就像走在不知道地雷埋在哪裡的非武裝地帶。

「醫師，我的表達沒有錯吧？不幸的事層出不窮，我掙扎著……」

醫師帶著嚴肅的表情說道。

「確實接連發生了很多事，但你真的認為只能掙扎嗎？我的想法不太一樣。在過去的兩年多裡，我聽著你的陳述，覺得你有相當強的『解決問題能力』。如果出現什麼問題，你尋找解決方法的判斷力非常快。你看現在，對總是以睡覺來逃避這件事有危機感。你自己研究思考，創建了一個早晨微儀式的社團不是嗎？從上個月的診療到今天，不過才短短一個月的時間。」

那天醫師給了我一項作業，就是「積極解釋練習」。

「想法就像水流一樣，一旦確定了方向，就會一直朝那個方向走。現在你只是朝著消極的方向走，因為一直在『為困難的情況做準備』。但從現在開始，另一個方向也要練習一下，即使一天當中只有一次也好，要嘗試正面地解讀狀況。」

「但是醫師，我不想硬著頭皮寫『感謝日記』。」

「不用那樣做也沒關係，只是遇到情況或事件，可以進行多種解釋。在過去兩年多的時間裡，雖然在你眼中是一連串不幸的『骨牌效應』，在我看來卻是發現了『解決問題能力強大的在烈』。」

✦尋找一件事的正反兩面

那天結束看診後，我買了一本筆記本，然後開始回顧過去兩年。與其勉強做出積極正面的解釋，不如尋找對一件事件的正反兩面。

我喜歡在夜晚認真思考事情。很自然的，我又開始製作與早晨微儀式不同的晚間微儀式。不同於與人連結、充滿活力能量「Morning Friends」，練習正面解讀狀況的夜晚，就像靜靜觀察內心的自我省察一樣。

就這樣整整一個月後，又到了回診的日子。

「你堅持做到了。本來可以不在意的事，但你做得很好。試了之後感覺怎麼樣？」

「我覺得很新鮮，就像練習看月亮的背面一樣，所以我想繼續堅持下去。我想到今晚可以寫的內容了。」

「是什麼？」

「我雖然是高度不安的性格，但也是善於傾聽他人建議、接受力高的人。」

微儀式十九：練習正面解讀寫作

在這裡想分享我實際寫的正面解讀寫作，因為內容不難，不需要花太多時間說明。

不過重點在於不要**「勉強肯定」**。如果找不到可以正面解讀的一面，也不用非找出來不可。這個微儀式的主要意義在於，重新發現當我陷入負面情緒而錯過的正面積極的事物，如果在完全無法進行正面解釋的情況下強行進行，肯定很容易演變成「有害的正面性」。

♫

首先要認清我們寫作的目標。如果你像我一樣是比較悲觀的人，不用把「成為積極正面的人」設為目標：不如以「悲觀的樂觀主義」為目標，這才比較實際。

「悲觀的樂觀主義」是奧地利心理學家維克多．弗蘭克提出的概念，也就是對希望和正面積極的意義重大，同時也承認喪失、困難、痛苦的存在。並不是將困難和痛苦無條件視為「成長的養分」、咬緊牙關成為正面積極的人，而是將現在的混亂視為痛苦，但觀察其中是否具有正面意義的行為。

舉個例子好了。「現在的痛苦都是成長的基礎，所以並不是痛苦，是成長的經驗！」如果說這句話包含了有害的正面性，那麼用悲劇的樂觀主義來看待會是這樣：「現在痛苦到了極點，如果能不經歷，最好不要經歷。但是在這件事情上也有積極的發現。」

以下看一下我的例子。

張在烈的正面解讀練習

- 雖然媽媽的手術讓人擔心，但在這個過程中給予幫助的人太多了。
- 照顧媽媽的心情並不容易，但因此這樣領養了一隻小狗成為新的家庭成員。
- 我雖然很容易不安，但也因此擅長預先制定對策。
- 「會有效果嗎？」雖然半信半疑，但仍堅持照醫生指示的接納能力是優點。
- 今天要是沒對他發脾氣就好了，但事後先向他道歉是對的。
- 雖然訴訟讓我差點精神崩潰，但最後終於勝訴，自信感也增強了。
- 遇到各種個人的狀況，但沒有影響到工作，值得稱讚自己一下。
- 與問題多的人分手，也等於是得到認識新對象的機會。

在做這個微儀式時，我認為最重要的是所謂「正面的標準」。並非盲目地肯定，而是努力從我能接受的部分開始。一天一個，十天就能找到各自的標準了。

好，現在寫寫看吧！

我＿＿＿＿＿＿的正面解讀練習

- ＿＿＿＿＿＿＿＿＿＿＿＿＿＿＿＿＿＿＿＿
- ＿＿＿＿＿＿＿＿＿＿＿＿＿＿＿＿＿＿＿＿
- ＿＿＿＿＿＿＿＿＿＿＿＿＿＿＿＿＿＿＿＿
- ＿＿＿＿＿＿＿＿＿＿＿＿＿＿＿＿＿＿＿＿
- ＿＿＿＿＿＿＿＿＿＿＿＿＿＿＿＿＿＿＿＿
- ＿＿＿＿＿＿＿＿＿＿＿＿＿＿＿＿＿＿＿＿
- ＿＿＿＿＿＿＿＿＿＿＿＿＿＿＿＿＿＿＿＿
- ＿＿＿＿＿＿＿＿＿＿＿＿＿＿＿＿＿＿＿＿

7. 超越恢復，走向成長

從在父母面前痛哭那天起，已經過了三個月。失去重心後，我動搖的心慢慢恢復了平衡，尤其是每天晚上進行正面解讀練習後，感受到某種日常體制化的感覺，在一天的早晨和夜晚進行的微儀式，就像一套守護機制。

阻止昨天的悲傷過渡到今天早晨微儀式、為了不讓今天的不安轉移到明天的夜晚微儀式，這些微儀式幫我穩定中心，讓今天的情緒在今天告一段落、今天的疲憊在今天之內恢復。

這些瑣碎但規律的微儀式每天早晚守護著我，尤其正面解讀練習對最近的我來說非常需要。在進行微儀式前，我經常對周圍的人這麼說：「我希望在我的人生中沒有二〇二一和二〇二二年，真的到了想去找催眠師刪除記憶的程度。一點也不留戀，甚至覺得極度厭惡。」

但是透過練習回顧過去的這幾年，我看事情的角度發生了變化。雖然承認我辛苦的情感，但也發現了在泥濘般的時光中，如蓮花般盛開的正面積極，其中最多的就是「人」。

✦發現有人需要幫助時，就幫幫他吧！

「我身邊竟然有這麼多好人？」

當我意識到自己真的得到了很多幫助時，我感到很羞愧，因為我並不是那麼好的人。不是都說「好人的身邊才會有很多好人」嗎？但在我身邊已經不是「很多」好人，而是「太多」好人了，讓我得到遠遠超過我付出的善良和親切的幫助。

一聽到我母親生病的消息，就放下工作幫忙打聽醫院的智勇；母親被轉送到大醫院後打電話來慰問，幫忙安撫母親的秀珍；仁熙送來的各式小菜，把家裡的冰箱裝得滿滿的；為了幫忙分擔訴訟壓力，英敏每天晚上都透過視訊幫我更新進度；還有每天晚上開車過來陪我喝杯咖啡就回去的雲熙、要我把身心的恢復擺第一，主動分擔工作的團體夥伴們。

有這麼多好人在身邊，感覺像欠了一屁股債。我能做什麼來報答他們？我思考了很久，寫信給每個人？送禮物？親自拜訪道謝？

然而，一位前輩對我說：「在烈，禮物就算了，也不用特地道謝，不需要有還債的想法。不要這樣，只要你發現有人需要幫助時就幫幫他吧。這就是良性循環啊！」

聽了他的話，我仔細查看了網路社群，之前我以為自己最辛苦，所以根本看不見別人的痛苦，這才發現——有位音樂家朋友生了病仍堅強地繼續工作；老同事遇到了租屋詐騙後，幾乎失去了所有財產；看到後輩更新的動態寫著：「我得了癌症，不過我會克服的！請大家不要擔心，為我加油！」

我這才知道該做什麼：**祈禱**。不是為自己祈禱，而是為他人祈禱。

我在遇到危機時收到了無數的溫暖關懷，現在輪到我把溫暖送給他人了。我在紙上依序寫下朋友的名字，為他們祈禱：希望朋友善奇能找回被詐騙的錢；希望後輩泳動的手術一定要成功，恢復健康；希望總是遇到不對的人而放棄結婚的敏善，能遇到好的緣分……就這樣一個一個增加，從五個人開始的祈禱，在幾週內增加到十三個人。每天晚上，我都會想起那十三個人的臉龐，然後為他們祈禱，同時也產生越來越多的想法。

「啊，泳動前天動手術，現在還不太能自己喝水，等等買個吸管送過去。」

「京雅的奶奶好像出院了，聽說老人家喜歡清燉雞，訂一隻送過去吧。」

「金課長的合約下個月到期，得打通電話給他。」

最近祈禱人數已達二十人。不知從哪裡得到消息，還有朋友主動聯繫我，希望我能為他祈禱。今晚我也一一寫下名字，靜心祈禱。不知道是不是因為人變多了，祈禱的時間比以前要長一些。

儘管如此，在構成一天的微儀式中，這一刻是最重要的。雖然不知道為什麼，但可以肯定的是，我在為他人祈禱時比為自己祈禱更平靜和幸福。偶爾聽到某人出院、痊癒的好消息後，將那人的名字從祈禱名單中刪除時，竟也有哽咽的感覺。

各位至今是否曾每天清晰地想起某人的臉呢？有為他祈禱平安嗎？好像不曾做過。如果說完全為了我的恢復而開始的微儀式，能夠超越恢復，產生將我「塑造為人」的感覺，這樣形容會不會有點誇張呢？

微儀式二十：為他人祈禱

也許會有人認為「嗯？我沒有宗教信仰怎麼辦？」沒關係，字典中的「祈禱」一詞有「向絕對存在禱告求福」的意思，但也不一定只有那個意思。

對於沒有宗教信仰或對祈禱感到很陌生的人來說，可以將其視為想起他人的**「心想」微儀式，心想就是指在心裡描繪某個對象。**

正如前面所說，在為他人祈禱的過程中，會唸出對方的名字，自然而然就會想起他的長相，同時會更進一步了解我能分享什麼、能夠幫助他什麼。

為他人的祈禱的行為，會超越祈禱固有的信仰意識，暫時放下只為自己著想的心，成為與他人對視、練習以他人角度著想的時間。

♪

一起來寫吧？以下是我使用的表格。你可以直接寫成一行一行，或像我一樣利用表格也好，重點是要「持續」。

好，各位也寫一下自己想起的名字吧！遺忘的緣分也好、親近的同事也好。即使是有點疏遠或很久沒有聯繫的人，只要是想獻上真心的人，不管是誰，都可以寫下來，一邊想著對方一邊祈禱吧！

說不定疏遠的關係會重新燃起，或許我會鼓起勇氣先聯繫，也可能是他會先來捎來問候。因為心靈的能量會產生共鳴，並傳達給對方。

關係	姓名	祈禱內容
後輩	朴泳勳	手術順利、痊癒
朋友	姜善奇	被詐騙的房租押金順利取回
朋友	鄭敏善	得到好姻緣
熟人	京雅的奶奶	手術順利、痊癒
熟人	金明勳科長	工作順利穩定
朋友	朴靜恩	恢復健康
朋友	金明秀	恢復健康

關係	姓名	祈禱內容

8. 選擇不想進行微儀式的權利

最後添加了為他人祈禱，只為自己準備的微儀式才算完成。整體來說大概是以下順序：

按照順序來想像一下，早上一起床，先伸個懶腰說「睡得真好」，喝一杯從淨水器流出的水後整理棉被。然後到了九點，就打開視訊會議，與 Morning Friends 一起進行靜

順序	時間	微儀式		需要時間
1	起床後	早起第一句話		十秒
2		喝杯水，整理棉被		一分鐘
3	上午九點	早安朋友	身體掃描	三十分鐘
			微笑靜心	
			存在介紹	
			今天的心情單詞	
工作				
4	睡前	正面解讀練習		五分鐘
5		為他人祈禱		五分鐘

心、存在介紹，共同度過三十分鐘。上午主要是由說話或移動組成。

相反的，睡前則由寫作和思考構成。打開筆記本，進行正面解讀練習，寫上朋友的名字，為他人祈禱，然後就可以入睡了。感覺如何？我的微儀式，是不是挺多的？

算起來一天要花四十分鐘以上的時間來實踐，當然，其中有三十分鐘是跟幾個人一起對談，所以時間必然會比較長。不過種類確實很多。

當然在平常來說並不是讓人負擔很大的分量，而且一一分析，其實都很簡單。實行四個月左右就會習慣，可以很自然地做。

但問題是無法迴避的日子。

與朋友一起喝酒，結果喝得太晚睡在朋友家；或是一大早要出差，無法參加Morning Friends。每當這時就會有這樣的想法。

「啊，我無法做身體掃描……要在KTX裡進行嗎？」

「乾脆借朋友家的小房間祈禱一下吧。」

就像沒寫作業一樣，總是重複著「要做、要做」。如果不按順序執行，就會有種今日事沒有今日畢的感覺，產生了所謂的「微儀式強迫症」。我覺得自己變得有點嚴重了。

所謂的微儀式是為了讓我的人生有安定感，穩住心靈的重心，如果沒有做到的情感壓力反而破壞心靈重心會怎麼樣呢？這肯定是個大問題。

仔細看著微儀式的順序表，苦惱著要不要刪除一、兩個，還是縮短時間。但是平時執行這五種方案完全沒有問題，一個月中差不多有二十六天可以做得很好，就為了消除那四、五天沒做好的不舒服感，而減少精心編排的微儀式，這也讓人覺得有點誇張。煩惱了幾天，突然有了這樣的想法。

「微儀式的目的終究是希望我的心裡可以舒服自在，所以不想做的時候『不做』的行為本身，會不會成為另一種微儀式呢？」

✦ 不想做的時候，就跳過吧！

是否有共鳴了？雖然各自想要的具體情感不同，但不管怎麼樣，為了給自己帶來「好的影響」而做的事才是微儀式。那麼，不想做的時候、覺得做不到的時候，就跳過吧。**不要產生罪惡感或負擔也是一種自我照顧**，就是「微儀式」。

從那天以後，我做了三張票券，是「欺騙日」券。就像減肥或者健身的人都會設定一個欺騙日，平常嚴格執行飲食控制和運動，偶爾可以放鬆吃想吃的東西。

微儀式也可以設定欺騙日。一個月大概三次，如果覺得今天做不到，不要認為「今天失敗了」，而是想著「今天是欺騙日」，就是給自己可以選擇「不想做」的權利。

好，大家大概需要幾張欺騙日的票券呢？來試試看吧。

___月___日微儀式欺騙日

今天我給自己一個
可以選擇「不想做」的特殊權利。

(簽名)

___月___日微儀式欺騙日

今天我給自己一個
可以選擇「不想做」的特殊權利。

(簽名)

___月___日微儀式欺騙日

今天我給自己一個
可以選擇「不想做」的特殊權利。

(簽名)

9. 與其說「滿足」，不如說是「知足」的人生

十二月初的一個早上，我站在洗手間的鏡子前想著：「我想見一個人。」然後自己嚇了一跳。嗯？這麼突然？

在過勞的恢復階段，想見一個人是非常重要的轉捩點，是我接近心靈隧道盡頭的確切信號。過勞的症狀有很多種，而最具代表性的一點是會很抗拒與別人見面、對視、對話。

我們和某人見面對話時，溝通方式中非語言意外地比語言還要高。非語言溝通的表現有語氣、眼神、手勢等，美國UCLA心理學系的艾伯特・麥拉賓教授發表，在對話中決定與對方交流的要素內容占百分之七，聽覺為百分之三十八、視覺占百分之五十五。

因此與人見面，要與他人交流、對視的行為，對過勞的人來說是需要下很大決心的難關。如果不是在工作上一定要與人面對面，一般都會盡量避免。身心能量已經耗盡了，因此啟動防禦機制，即使遇到相處很自在的人，也同樣會感到辛苦，因此寧願看著手機或遙望遠山進行對話。

我也一樣。如果去父母家，對話時主要都是固定視線在電視或小狗身上。與朋友能不見面就不見面，不然就是能拖就拖，連婚喪喜慶也盡量不去。個性外向的朋友主動到家裡來找我時，我會不自覺坦白說出自己的不自在，事後又感到後悔和自責。

「我是不是無意中傷了朋友的感情？還不如乾脆避不見面，人家遠道而來……」曾經那樣的我終於有了「想見某個人」的想法。最先想到的人主要是長輩。比我早十幾二十年來到這個世上的人生前輩，有幾位在我還是青年時期帶給我很大的影響，如果是他們，應該經歷過我現在經歷的過勞和恢復的過程。所以我相信，即使不字句地解釋，只要看到我的臉，大家都會知道並感受到。

✦「視線停留在今天，走向未來的人生。」

最先拜訪的是十五年來一直都很關心我的東善組長。從二十多歲的大學時期到步入社會，再到現在的我，他是為數不多能一路相伴的前輩。剛見面我就問他。

「我的臉看起來怎麼樣？是不是很憔悴？」

「不，看起來很自在。你的臉並沒有反映出實際年齡啊？」

「但是經過幾次過勞，感覺好像沒有以前那麼閃耀了。」

「取而代之的是深度。以前你是一個機靈的孩子，看起來也像想要展現機靈的一面，但是現在看起來更從容了。我覺得這樣反而看起來更好，整個人的感覺變得比較淡然了。」

他笑著繼續說。

「所謂那些不好的事。昨天來了，今天來了，明天就不會來。不是嗎？」

「什麼意思？」

「壞事會細分成個人足以承受的程度，而且不是分頭而來，而是蜂擁而至、聚集在一起。人生就是這樣。」

「是啊，會聚集在一起。組長以前也有過類似的時期吧？度過那段時期，來到五十多歲，有什麼感覺？」

「我？嗯，以前想過滿足的生活，但最近想過知足的人生。」

看著露出驚訝表情的我，組長微微一笑繼續說：

「年輕的時候總覺得我的成就達不到要求。知道滿足的『滿』是什麼意思嗎？就是『充填』，在填滿之前會一直生自己的氣、逼迫自己。但是如果刪掉『滿』字，只用『足』的角度看生活，會覺得其實還不錯。我們不是也會說『這樣就足夠了』，就用那樣的角度去看人生。」

「滿足的生活和知足的生活……是隨著年齡增長逐漸學會放下嗎？」

「不，和那個有點不一樣。如果希望過滿足的生活，你的視線會一直朝向未來。但如果想要過知足的生活，就會檢視自己現在擁有的東西。應該說你的視線會回到今天這一瞬間。並不是說一定要放棄成長和期待，但就像把目光放在今天，但面向未來。」

「視線停留在今天，走向未來的人生。」

和組長道別後回家的路上，這句話一直縈繞在腦海。也許這就是我們在生活中實踐並創造微儀式的最核心理由。為了今天的我而做的微小事物聚集在一起，讓現在的我恢復和成長，那麼更好的未來自然會隨之而來。

大家覺得怎麼樣？你是這樣生活的嗎？

回想到現在為止，我的生活似乎正好相反。總是固定視線在未來而奔跑，犧牲了今天、迴避生活。因為我認為這是最有效率的人生，也是努力生活的人生。

但是自從跟組長聊過之後，我就慢慢發現自己的想法變了，也許**對今天的知足，才是通往滿足的未來的捷徑**。因為即將到來的未來，是一連串活在當下的今天的總和。

10. 如何從感情的泥沼中解脫？

第二位拜訪的是經由志願活動而結緣的穆加法師。雖然年過花甲，但一到冬天，他就會上山送煤炭給那些居住在貧民區的人們；為補習街的公職考生們做飯，是一位非常溫暖的人。

今年他也像往常一樣，上山分發煤炭給低收入戶民眾，結果不幸腰部受傷，得知消息後，我去探望他。他看到我像孩子一樣興奮地迎接我，我還沒說我經歷過勞，也沒說過得很痛苦，但他似乎全都知道了，完全沒問我的近況，而是突然提問。

「來，請問！一年中夜晚最長的一天是什麼時候？一是夏至，二是冬至，三是春分，四是無法入眠的夜晚。」

我聽完噗哧一笑。

「大師，這題是複選題吧？如果高考出這種題目會有爭議的。」

「是嗎？從地球的角度來看，應該是二，冬至；從人類的角度來看，不就是四，無法入眠睡的夜晚嗎？」

出這種題目的理由是什麼呢？我看起來像是很多夜晚都無法入眠的人嗎？我疑惑地問大師。

「大師，您最近常常失眠嗎？」

「當然了。我這個腰啊，白天沒事，但是到了晚上就會開始痛。不過有個朋友跟我說：『大師，其實不是晚上比較痛，是白天您做這做那，分散注意力，所以不覺得痛。到了晚上，在黑暗中除了身體的疼痛之外，沒有其他感覺，所以會更明顯。』」

大家應該也有這樣的經歷。白天不覺得，晚上要睡的時候，會發現肩膀上有瘀青、腳底也疼得厲害。明明白天也痛，只是來不及察覺。

聲音不也是那樣嗎？白天對鄰居家開關門的聲音無感，到了半夜，聲音就會變得非常大。心底的聲音也一樣，一整天都拋在腦後的不安、怨恨、厭惡等，一到深夜就會慢慢顯現出存在感。

在從過勞恢復的過程中，一直留存到最後的抵抗勢力，就是這些「夜晚的情感」。我確實比以前恢復了很多、健康了很多，甚至比經歷過勞之前感覺更好，但這也是猶豫著說不出我「百分之百恢復了」的原因。

「大師，在無法入睡的夜晚要做什麼才好呢？」

大師沒有回答，而是講了另一個故事。

「你去找那些住在貧民區的人，總會有幾個人很生氣。你知道他們的願望是什麼？就是希望晚上睡覺的時候，能安靜地離開這個世界。但是當第二天早晨又睜開眼睛，他們的心情會怎麼樣？一大早就開始生氣。因為沒能如自己所願。所以一邊唉聲嘆氣，一邊在路邊隨地便溺，一邊向行人挑釁、爭吵、打架。但是另一方面，在同樣的環境裡也有開朗樂觀的人。你知道差異是什麼嗎？就是是否知道『**對、謝、我**』的差別。」

✦「對不起、謝謝你、我愛你」

「對、謝、我」？我一開始還以為是什麼廟的名字呢？但其實只是**「對不起、謝謝你、我愛你」**的簡稱。

貧民區的一角，有人每天因憤怒和委屈，用腳踢煤炭；另一邊卻有人向志工說：「謝謝你。抱歉沒什麼可招待的。」也有人會說些暖心的話，即使生活在同樣的環境中。

穆加大師的話，並不是說要否定艱難的現實，硬逼自己當個好心人，那只是精神勝利，以阿Q精神活著，不要被疼痛的大小欺騙。

就像到了寂靜的夜晚，大師的腰就會疼得格外厲害。當貧民區的人們孤身一人時，也會感到加倍的孤獨和惆悵。我們不也一樣嗎？夜晚有著讓情感更深的魔法力量，讓現在的疲憊更疲憊、孤獨更孤獨。

要從情感的泥沼中逃脫，始於抓住一顆小石子。如果光著身子掙扎，就會越陷越深，但只要抓住一個非常小的東西，情況就會發生變化——有擺脫的可能性，同時很快就能實現。

大家有沒有什麼小石頭，可以救自己脫離深夜的泥沼？如果還沒有發現的話，和我一起練習「對、謝、我」吧。

微儀式二十一：照顧自我的「對、謝、我」

「對不起」「謝謝你」「我愛你」——大家平時經常說這些話嗎？

我最不會說的是「我愛你」，很擅長說「謝謝你」，「對不起」則是一半一半，可能是因為自尊心強，如果不是我的失誤就不會說。這是我第一次知道自己在表達上比想像中還要吝嗇。

各位又是如何？為什麼不會向親近的人好好表達呢？對父母說「我愛你」會很害羞；對不親近的人卻可以很自然地說「真的非常感謝」「對不起」等社交話語，要對親密的好朋友說「對不起」又覺得很困難。

和我最親近的人就是「自己」了，你可以對自己說嗎？或許最無法開口說「對不起、謝謝你、我愛你」的對象，就是自己。

♪

在這一章回顧一天，思考我想對誰說「對不起、謝謝你、我愛你」。可能是我自己，也可能是家人、朋友。依序思考想致歉的人、想謝謝的人、想傳達愛意的人，這短短的思考練習持續下去，夜晚可能會逐漸變成不孤獨也不空虛的時間，而是能夠有滿溢感受的時間。

以下分享我的例子，其實就算是很瑣碎的小事也好。

我為大家準備了表格。剛開始要想傳達對不起、謝謝你、我愛你的對象可能並不容易，也可能會很生疏。

今天一整天，想要表達歉意的對象：自己
對不起，為了先照顧別人，耽誤了自己的吃飯時間，辛苦了。
今天一整天，想要表達謝意的對象：同事尚勇
為了買我交代的東西，下班後連跑了四家超市。
今天一整天，想要傳達愛意的對象：小狗壯壯
今天這個孩子逗樂了大家，讓家人之間增加更多的對話和歡笑。

可以坐在書桌前前專心思考，最好不要坐在床上。剛開始可以寫在紙上，即使需要點時間，但效果很好。這種練習堅持三天左右，很快就會習慣，過不了多久，只要躺在床上就會聯想到「對、謝、我」，自然就有答案。

來試試看吧！

今天想要表達歉意的對象：
今天想要表達謝意的對象：
今天想要傳達愛意的對象：

今天想要表達歉意的對象：
今天想要表達謝意的對象：
今天想要傳達愛意的對象：

今天想要表達歉意的對象：
今天想要表達謝意的對象：
今天想要傳達愛意的對象：

今天想要表達歉意的對象：
今天想要表達謝意的對象：
今天想要傳達愛意的對象：

11.
因為是大驚小怪的我，所以很好

擺脫過勞，開始重新與人們接觸剛好在十二月，也就是一年的尾聲，今年最後一次與人見面是與我的「Morning Friends」的忘年會。

這半年來，每天早上一起度過三十分鐘，我們之間產生了微妙的紐帶感。仔細想想，關係還挺獨特的：每天見面，卻沒實際見過本人；雖然不知道住在哪裡，卻很了解最近的心情；雖然不知道年齡，但知道人生中的各種經歷，一切都是共享的關係。

很特別吧？既像祕密朋友，又像從未見過面、友情深厚的筆友，這種奇妙的關係，我們還戲稱彼此是網友。

有人提議該實際見個面了，於是我們開始每個月實際聚會一次。「聚在一起做什麼呢？會不會很尷尬？」不會。本來就有是各行各業的人聚在一起，每個人都可以分享自己的才能，填滿在一起的時間。我們曾到陶藝家藝珍的工作坊製作陶器，還有一次，我們一起去看了演員東玉的演出。

隨著時間流逝，在一年的最後一個月，職涯專家智妍說：「忘年會由我來準備，我們一起寫下這一年的回顧如何？也慰勞大家今年都辛苦了。」

深夜，八位 Morning Friends 聚在一起。智妍說：

「從現在開始進行自我介紹。就用形容詞來介紹怎麼樣？」

「我是具有兩面性的金東玉。喜歡跟朋友在一起，但就是想一個人回家。」

「我是多采多姿的韓周元。我的人生既像紀錄片，又像情景喜劇。」

「我是固執的趙允載。不想做的絕對不做，喜歡上的就全力投入。」

終於輪到我了。

「我是大驚小怪的張在烈。」

哦？從未用過的形容詞脫口而出，接著進行說明。

「我心情好的時候喜歡大驚小怪，看到人會大驚小怪地迎接，不安的時候也會大驚小怪。只要稍微不舒服，就會懷疑是不是生了重病，急著去醫院。如果有人對我稍微冷淡一點，就會整夜想自己做錯了什麼。工作中只要出現一點小失誤，就忙著想辦法解決。我一直很討厭這種性格，因為生活太累了。但是最近才知道因為這個性格，我才能提前察覺自己的狀態，然後不斷努力恢復。我認為這是在經歷更大的事件之前，可以預先保護自己的力量，在過去的幾個月裡，第一次喜歡上了自己的大驚小怪。」

不知不覺中，我已經可以更寬容地看待自己。

✦寫一封信給自己

是什麼時候變成這樣的？在感到好奇的瞬間，智妍拿出了一張紙。

「這就是回顧圖表。有十二格。讓我們用溫度來呈現過去這一年的感受，並用線將點和點之間連起來。例如覺得很辛苦，就在零下標記；如果感覺很好，就標記像溫暖的春天一樣的溫度。標記完連起來，然後在旁邊寫一句話總結這一年。是多雲轉晴，還是暴風前夕。就那樣。來，試試看吧。」

拿出手機點開相簿，從一月的照片開始邊瀏覽邊思考，然後在紙上畫一個點，最後把點都連起來，圖表就誕生了。

看著圖表，我說出的第一句話是「真的辛苦了」，一直努力，不斷地照顧自己，順利地度過一段以為不會結束的冬天。帶著無法控制的自己，還是努力活得這麼充實。現在我理解這樣的自己了嗎？智妍遞出了信紙和信封。

「現在，寫一封信給自己。我們這輩子給自己寫過幾次信呢？是不是至少需要有一次能告訴自己，真的辛苦了？」

你曾對自己說過「辛苦了」嗎？是不是特別不懂得如何稱讚和鼓勵自己呢？我就是那樣的人。不斷累積對自己殘酷的時間，總

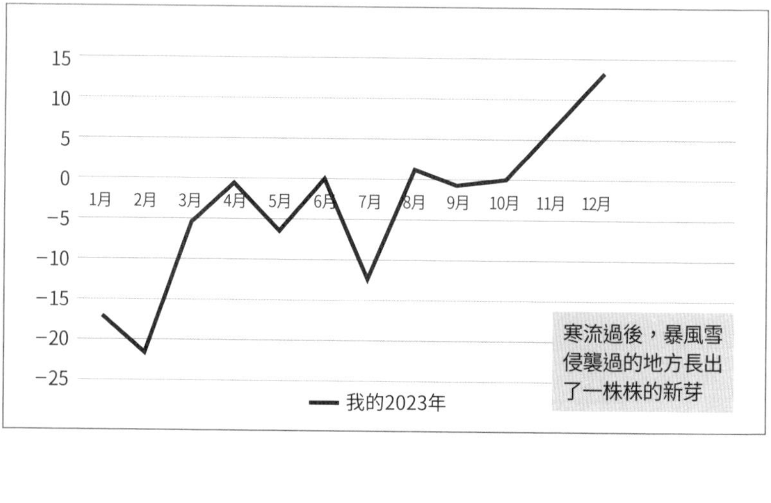

是讓自己精疲力竭，癱坐在地上。

也許過去幾個月的微儀式，正是**「我不要再那樣生活了」**的宣誓。也許是比別人更關心自己，比未來更關心今天的意志，我想和大家分享一封飽含這份心意的信。

在烈，

這一年，真是費了九牛二虎之力。但哪有不費心的一年？只是我想說，今年的你格外費心。

不想再次承認自己真的精疲力盡了吧？這回更是如此。

你沒做錯什麼，一直想辦法照顧好自己，但是那些努力都黯然失色了，辛苦的事情湧上心頭。

就像朝平靜的水面扔石頭，人生似乎並沒有放過你。

我知道你心裡有委屈，也有寂寞，但還是不服輸、不逃跑，真了不起。

在如此艱難的情況下，之所以能夠不放棄日常，守護一直以來的生活，是因為沒有放棄那些想著「這能有幫助嗎」的瑣碎小事。

雖然每一天都是些瑣碎的事，但是從一天到一週、一個月、半年了。
這種堅持不懈成為把你從泥沼中救出來的跳板。
就像蓮花只在泥濘中綻放一樣，今年是你最近這三年生活中，原本毫無價值的泥濘歲月中，綻放出一朵小小蓮花苞的一年。

以後還會有很多意想不到的瞬間。
有下雨的時候，有酷熱的時候，也會有像在冰庫裡一樣冷的時候。
但是我相信，在那一瞬間，你必能穩住中心，不會動搖。
不要太急，也不要太鬆，像現在這樣以適度的速度，讓這個小花苞綻放。
辛苦了，費心了，你真的很認真地活著。

給一直以來都努力生活，以後也會活得很精采的在烈

在烈

後記

就像一把迷你口袋傘一樣

謝謝大家一直看到最後。怎麼樣？我想大家應該對張在烈很熟悉了。因為這些都是我如實記錄下來的，用Q&A的形式準備了最後的部分。人家看書的時候可能有些好奇的問題，雖然我在書裡沒有寫，但是一定會把想傳達的故事收集起來，傳達給大家。

Q：八年沒有寫書，是什麼契機讓你再次提筆？

寫這個答案的現在，是二〇二四年的第一天。二〇二四年對我來說是具有特別意義的一年，是結束如同我的分身一般的「青春諮詢所的姊姊們」這個組織的一年。有很多人問我為什麼要離開，是太累了嗎？但完全不是，是想「帥氣地畢業」。正如在本書開頭提到的，我決心在三十歲的時候全心全意地服務十年，和同事們一起實現了這個目標。現在感覺到了進入人生下一章的時候了。結束了一個章節，我想透過過去十年的經驗，多告訴大家一個「獨自生活的方法」。

Q：寫書的時候有覺得最重要的部分嗎？

為了最大限度地書寫真實，我付出了很多心血。到目前為止，雖然曾站在很多演講臺上、寫書、講述個人故事，但我認為這是第一次如此坦率、詳細地講述故事。事實上，這本書的草稿在二〇二三年二月完成，那時候幾乎沒有我的故事。但是我很想要包裝得帥氣一點，「我已經在這行十年了，像不像專家？」似乎很想得到稱讚。呆呆地讀了又讀，然後全部刪掉重新寫了。因為好像不是為了讀者而寫的書，而是為了把我打造成一個品牌。

在重新寫作的過程中，我抱著和各位讀者一對一、面對面交談的想法進行了創作。一對一對視著說話，會很難說謊，因為一切都太明顯了。雖然我們是紙上見面的關係，但是透過想像大家在我面前，我努力地把每一瞬間都真實地記錄下來。我認為只有這樣，才能成為大家敞開心扉、沉浸於這本書的契機。

Q：如果用一句話來定義寫完書後自己感受到的微儀式，會是什麼呢？

迷你口袋傘。

Q：什麼意思？

只要在出門前帶把口袋雨傘，就不用擔心今天會不會下雨。就像那樣，隨身攜帶守護我心靈的某種東西就行了。當然，晴天可能會覺得礙手礙腳，或者覺得沒有必要。所以我覺得越小越輕、沒有負擔的東西是不是比較好。當然，微儀式不是萬能的，就像雨傘不可能把所有的雨都擋住，颱風一來，就連電線桿可能會一下子就被吹倒，甚至還會被強風颳走。儘管如此，曾握著這把小傘走在外頭這一件事，也許能達到平靜地面對無法預測的未來變化、無常的人生天氣這一境況。

Q：現在好像結束了人生的一個章節，下一章的計畫是什麼？

其實開始寫書的時候沒有什麼特別的，甚至有一點不安。經歷職場生活一年，之後一直以「青春諮詢所的張在烈」這個身分生活。接下來我要做什麼？很迷茫，應該和在同一間公司工作超過十年後辭職的人的心情差不多吧？我無法想像摘下這個名牌的我。以至今為止累積的知識為基礎，進行小小的演講，還想過要不要再堅持幾年。既是老朋友也是迷惘時總會給予忠告的靜恩姊，看到苦惱的我時，說了這樣的話：「你還是再等等吧。先別想了，在某個瞬間，答案自然會浮出水面。」於是我就這樣清空了想法、專心寫書，完成了至今為止的活動。要先把現有的家具搬出去、留出空位，才能將新家具搬進來。

Q：清空之後，看到什麼了嗎？

書寫完的時候，神奇地領悟到一件事：到目前為止，每當感到「像我這樣的人真多啊」時，都會為那些和我很像的他們製作一些東西。二十多歲的我需要一個地方訴說苦惱，所以有了「青春諮詢所的姊姊們」；身為自由工作者的我想讓每天都有一貫性，於是產生了「Morning Friends」。而現在我覺得需要自生能力，也就是「穩定自我心靈中心的練習」，因為對我們所有人來說，現在是比任何時候都動盪不安的時代。

最近不是有很多成功的人生教練嗎？但是我很驚訝，有那麼多教練，為什麼我們感到更焦慮，生活感覺更迫切呢？為什麼每人堅持守護自己崗位的勞動價值，要被貶低為「那樣一輩子生活都不會改變」的傻瓜般的選擇呢？

在這個刺激人們不安的商業時代，我認為這樣生活是不行的，培養**「自己穩定自我心靈中心的力量」**比什麼都重要。因此我創立了「Offment」這個品牌。

Q：那是什麼意思？

Offment是Off和Moment組合在一起的新造詞，是為想太多的人帶來**「停止的瞬間」**的意思。越想好好生活，苦惱和想法就越多，諷刺的是，因為太多想法反而很難生活。我覺得這就是強迫和過勞。最終我們需要的是「可以自行關閉的力量」。就是從不安感中，自行擺脫的力量，在家也不被工作想法所壓抑、停止思考並切斷的力量、明確區分投入和休息時的力量等。這些我不太擅長。

各位又是如何呢？寫日記、靜心、走路，這些時刻腦子裡是不是依然在擔心和不安中運轉呢？那麼，這算是完整的微儀式嗎？擺脫「被想法牽著鼻子走」「被擔心牽著鼻子走」「被多巴胺牽著鼻子走」。每天哪怕只有幾秒鐘也好，要有完全停止的短暫瞬間，就是一種微儀式。如果能喊「啊，到此為止！」就完全停止，那麼大家應該就會說「好，現在就試試吧」，完全投入，不被思想蠶食、掌握日常的自我主導權。所以我認為 Offment 不僅是休息和恢復，也是成長中必不可少的要素。

Q：Offment 能做到什麼？

我認為就像按下開關一樣簡單的小事，創造那樣的環境也很重要。所以我認為創造真正細微的 off-product 的環境（組織文化）都是必要的。

為此，從多方面開始了各種項目。首先，我們正在開發幫助個人在日常生活中實現自我微儀式的周邊產品。提供回到家後可以完全關閉的日常生活中，非常簡單的最小單位。直觀地構想著開關模樣的鑰匙圈或書中介紹的心靈鐘等實物版本。真的只是按一個按鈕就好的簡單微儀式。

Q：以後還想見你該怎麼辦？不再進行諮詢了嗎？

有很多人問了這個問題，於是我開始寫一些快訊。之前是透過諮詢所成為大家的心靈朋友，現在則想透過快訊傳遞故事。新聞快訊應該不是諮詢專業的快訊，是與這本書一脈相承的微儀式等相關訊息，以及我對工作和暫停的想法。有時也會穿插我的專長——諮詢。雖然透過「青春諮詢所」的正式諮詢業務會停止，但是也想持續打開一個聽取大家苦惱後分享的窗口。傾聽和分享他人苦惱的行為，對我來說也是非常珍貴的微儀式。希望以後也能持續因為這本書而認識各位的緣分！

Q：最後對各位讀者說一句話吧？

希望你**不要強迫自己，現在知道瑣碎的小事也有力量，有的時候可以落後下，有一段時間做不了什麼事也沒關係**。欺騙日稍微長一點也可以，只要不完全停止就行。堅持下去的話不必每天說，但就是「不管怎麼樣都要堅持下去」。越大的船，轉彎所花的時間就越久，也許我們的變化也是如此。雖然做了微儀式，短時間看起來沒什麼變化，所以儘管幾天還是幾週不做，甚或是更長時間都沒有做了也沒關係。**只要再回來就行了，然後再開始就可以了**。那麼，生活的船頭肯定會慢慢回到自己想要的方向。

最後，透過這本書暫時成為人生旅伴的你們對我來說是很大的喜悅。現在到了我和大家把稱為微儀式的迷你口袋傘放在包包裡、各走各的路的時刻了。真的很感謝，我們總有一天還會再見，一定會的。

附錄

設計只屬於我自己的微儀式——「4W計畫」工作表

不管透過什麼途徑，當大家見了我，然後回到各自的日常生活時，我都想傳達一些能夠親自嘗試的事情。

再有能力的專家、再有智慧的導師，終究也是他人，也就是我身邊的存在之一。我覺得外界的話語、文章，不可能只是生活中的一個小火種。換句話說，**只有我們自己才能點燃變化之火**。

微儀式也一樣。我認為大家親自執行並一天天累積的瞬間，會比這本書更有價值。所以為了創造開始的契機，準備了這份附錄。如果說出「我可以做到！」—執行力會比想像中提高三倍以上！

按照我的指南，分四個階段慢慢寫。微儀式主要由**4W**組成。

尋找微儀式展開的「WHY」，並設定相應的重定義是什麼「WHAT」，然後觀察一天中哪個時間做比較好，設定「WHO」，是一個人還是和誰一起做。

以下就一個一個仔細看看。

● 第一階段：WHY

雖然微儀式的目的大體上是「穩定心靈的重心」，但其心靈重心的概念因人而異。有些人可能像我一樣，目的可能是從某種狀態中恢復，有些人可能是在新的挑戰之前，每天都會下定決心。另外，也許還有人在忙碌的日常生活中，將舒舒服服地結束一天設為目的。

建立這樣具體化的目的，對下一步的「WHAT」也有重要的影響。根據目的的不同，選擇也會不同。

● 第二階段：WHAT

下一步就是「做什麼」。正如所說，微儀式是

WHY／為什麼？	WHAT／什麼東西？
WHEN／什麼時候？	WHO／和誰？

能夠找到各自心靈的安全感和均衡的「任何行為」。因此，除了書中介紹的東西之外，還可以有無窮無盡的方法。

最好的方法是，以「做什麼行為時，我的心會變得舒服（穩定）？」為中心，在紙上寫下答案比較好。

盡量避免是去某個地方要做的事情（例如游泳或健身），最好想成是在我的生活範圍內可以做的事情。如果想不起來要做什麼，可以看下面的重置關鍵詞，按照原樣做或稍微變形一下。

自問自答寫作	微散步	整理被褥	喝一杯水
抄寫	隨機閱讀	想到某人就立即傳訊息	心情天氣
點喜歡的薰香	自尊黑板	存在介紹	感謝日記
微笑靜心	身體掃描	心靈鐘	看流水放空、看營火放空
心情單詞	設定早晨起床的第一句話	整理鞋子	伸展
拍一張天空的照片	擦鏡子	畫畫日記	聽寫歌詞
澆花	朗讀書籍	正面解讀寫作	泡一杯茶喝
為他人祈禱	摺紙	對不起、謝謝、我愛你	靜音舞蹈

●第三階段：WHEN

選好了要做什麼樣的微儀式，那麼接下來我們來思考一下在哪個時間段進行吧！設置時間段有兩個考慮因素，第一，我最需要的時段；第二，我每天都能完成的時段。如果兩個條件能一致最好。例如覺得有必要在晚上，而且晚上剛好有空閒，這樣最好了。

但如果不能兩個都滿足，那要優先考慮第二個條件。例如，雖然覺得微儀式的時間最好在早上，但是太忙了，晚上才比較有空。這種情況下就還是在晚上執行，這樣每天做，習慣了之後，就有可能慢慢轉移到早上時間了。

●第四階段：WHO

大部分人都認為微儀式是個人的事，但事實並非如此。像我和Morning Friends一樣志同道合一起進行的情況也很多，網路上也出現許多私密的社團。

而且，即使無法聚在一起，也有透過「認可」來養成堅持習慣的情況。只想一個人做，或是和他人一起做，對於可持續性都有非常重要的影響。

好，以上說明了四個階段。不難吧？現在在大家的工作表上設定你的微儀式「4W計畫」吧！然後，就用屬於你自己的微儀式開始新的一天。

WHY／為什麼？	WHAT／什麼東西？
WHEN／什麼時候？	**WHO／和誰？**

Eurasian Publishing Group
圓神出版事業機構
用心與你對話・視野無限寬廣
究竟出版社
Athena Press

www.booklife.com.tw　reader@mail.eurasian.com.tw

第一本 126

微儀式：小事帶來不可思議的改變

마이크로 리추얼 : 사소한 것들의 힘

作　　者／張在烈 장재열
譯　　者／馮燕珠
發 行 人／簡志忠
出 版 者／究竟出版社股份有限公司
地　　址／臺北市南京東路四段50號6樓之1
電　　話／（02）2579-6600・2579-8800・2570-3939
傳　　真／（02）2579-0338・2577-3220・2570-3636
副 社 長／陳秋月
副總編輯／賴良珠
責任編輯／歐玟秀
校　　對／歐玟秀・柳怡如
美術編輯／蔡惠如
行銷企畫／陳禹伶・鄭曉薇
印務統籌／劉鳳剛・高榮祥
監　　印／高榮祥
排　　版／莊寶鈴
經 銷 商／叩應股份有限公司
郵撥帳號／ 18707239
法律顧問／圓神出版事業機構法律顧問　蕭雄淋律師
印　　刷／祥峰印刷廠
2024年12月　初版

定價 360 元　ISBN 978-986-137-465-9

先消除痛苦的根本原因，比尋找快樂更具智慧。

——《正是時候讀叔本華：平息內在的風暴，別浪費生命向外炫耀》

國家圖書館出版品預行編目資料

微儀式：小事帶來不可思議的改變/張在烈著；馮燕珠譯. -- 初版. --
臺北市：究竟出版社股份有限公司, 2024.12
272 面；14.8×20.8公分 --（第一本；126）
譯自： 마이크로 리추얼 : 사소한 것들의 힘
ISBN 978-986-137-465-9（平裝）
1.CST：自我實現 2.CST：自我肯定
177.2 113015844